UNE VISITE INOPPORTUNE

*Du même auteur
chez le même éditeur*

LA PYRAMIDE
LA TOUR DE LA DÉFENSE
L'URUGAYEN

dans la collection 10/18

THÉATRE I, n° 1757
(LA JOURNÉE D'UNE RÊVEUSE, EVA PERON,
L'HOMOSEXUEL, LES QUATRE JUMELLES,
LORETTA STRONG.)
THÉATRE II, n° 1758
(LA PYRAMIDE, LA TOUR DE LA DÉFENSE, LE FRIGO,
LA NUIT DE MADAME LUCIENNE, LES ESCALIERS DU
SACRÉ-CŒUR.)

COPI

UNE VISITE INOPPORTUNE

suivi de textes
de Cavanna, Michel Cournot,
Guy Hocquenghem, Jorge Lavelli
et Jacques Sternberg

CHRISTIAN BOURGOIS EDITEUR

© Christian Bourgois Editeur 1988.
ISBN 2-267-00-552-2

Personnages :

— Cyrille
— L'infirmière
— Hubert
— Le journaliste
— Regina Morti
— Le professeur Vertudeau

Décor : Une chambre dans un hôpital parisien, avec une porte donnant sur un couloir et une autre sur la salle de bains.

Scène 1

Cyrille, l'Infirmière

INFIRMIÈRE. — Votre nouvelle robe de chambre est arrivée.

CYRILLE. — Je n'ai pas commandé cette horreur.

INFIRMIÈRE. — C'est un cadeau de votre belle-sœur.

CYRILLE. — Ma belle-sœur ferait tout pour gâcher mon anniversaire.

INFIRMIÈRE. — Ce matin, vous êtes d'une humeur impossible. Vous n'avez pas mangé votre brioche. Vous avez pris vos pilules ?

CYRILLE. — Oui.

INFIRMIÈRE. — Toutes ? Mais vous avez refait votre teinture ? C'est pour ça que vous êtes resté une heure dans la salle de bains ?

CYRILLE. — Ça vous regarde ?

INFIRMIÈRE. — Vous attendez le blondinet qui vous a apporté des roses pour Noël ?

CYRILLE. — Je vous interdis de vous mêler de ma vie privée !

INFIRMIÈRE. — Je disais ça pour vous faire plaisir. Restez un moment tranquille que je vous pique.

CYRILLE. — Encore une perfusion ?

INFIRMIÈRE. — C'est le jour de votre suramine.

CYRILLE. — Vous me faites mal !

INFIRMIÈRE. — Vos veines sont dans un état !

CYRILLE. — Forcément, vous n'arrêtez pas de me piquer ! Aïe !

INFIRMIÈRE. — Ça y est. Faites attention à ne pas vous arracher l'aiguille, aujourd'hui vous êtes surexcité. J'ajouterai une pincée de Valium à votre perfusion.

CYRILLE. — Pas de tranquillisants chimiques ! Je préfère fumer mon opium.

INFIRMIÈRE. — Il faudrait qu'un jour vous m'en fassiez goûter.

CYRILLE. — Pas question ! Vous n'arriveriez plus à tenir une seringue !

INFIRMIÈRE. — Donnez-moi un petit morceau. Je vais essayer ce week-end avec mon mari.

CYRILLE. — Tenez ! Mais faites attention, pour commencer ne mettez dans votre pipe qu'une boule de la taille d'une tête d'épingle, sans ça, vous aurez mal au cœur.

INFIRMIÈRE. — C'est bon pour faire l'amour ?

CYRILLE. — Pour ça, c'est l'échec assuré.

INFIRMIÈRE. — Alors je n'en donnerai pas à

mon mari, je le fumerai toute seule. Vous avez pris votre température ?

Cyrille. — Oui. Allumez-moi le narguilé.

Infirmière. — Ça va vous faire monter la fièvre.

Cyrille. — J'adore avoir un peu de fièvre.

Infirmière. — J'espère qu'aujourd'hui vous ferez venir votre femme de ménage. J'en ai marre de débarrasser votre chambre des restes de vos pique-niques mondains. On n'avait jamais vu ça, à l'hôpital. Vous êtes la Sarah Bernhardt de l'Assistance publique !

Cyrille. — Vous parlez comme un homosexuel.

Infirmière. — Je me demande si je n'aurais pas mieux fait de naître homosexuelle. Vous vous êtes bien débrouillé dans la vie.

Cyrille. — Je vous adore ! A ma sortie je vous emmènerai faire le tour des grands couturiers ! Vous êtes mon idéal féminin !

Infirmière. — Vous n'êtes pas le premier à me promettre l'Eldorado à votre sortie de l'hôpital. Vous feriez mieux de me coucher sur votre testament.

Cyrille. — Je ne vous laisserais que des dettes.

Infirmière. — Et puis, si vous êtes toujours en vie c'est surtout grâce à moi. C'est à moi que vous devez un cadeau d'anniversaire !

Cyrille. — Je vous ai déjà donné toutes mes perles !

Infirmière. — La robe de chambre que vous

a envoyée votre belle-sœur, si elle ne vous plaît pas...

Cyrille. — Ne me dites pas que vous portez des choses pareilles !

Infirmière. — Je voudrais bien rester chez moi à me balader en robe de chambre, mais je n'ai jamais le temps. Ce serait pour faire cadeau à mon mari qui reste toute la journée à la maison à me mijoter des petits plats.

Cyrille. — Il a des goûts bizarres, votre mari. Vous devriez me le présenter.

Infirmière. — Non, monsieur, mon mari je le garde pour moi. Votre ami arrive tôt, ce matin.

Cyrille. — Quel ami ? Hubert ! Dites-lui que je suis mourant, qu'il revienne un autre jour !

Infirmière. — Si je lui dis ça, il va rester à attendre votre mort.

Cyrille. — Dites-lui que je suis déjà mort ! Je viens de partir pour la morgue !

Scène 2

L'Infirmière, Cyrille, Hubert

Cyrille. — Trop tard ! Hubert, qu'est-ce qui vous amène de si bonne heure ?

Hubert. — Je voulais être le premier à vous souhaiter votre anniversaire. Je me suis permis de vous apporter un cadeau.

CYRILLE. — Une robe de chambre ! Marie-Jo, venez admirer cette broderie ! C'est votre mari qui va être content !

INFIRMIÈRE. — Oh ! celle-ci est trop belle, je la garde pour moi !

(Elle sort.)

Scène 3

Cyrille, Hubert

CYRILLE. — Alors, mon cher Hubert, comment va le monde depuis que je me suis retiré ?

HUBERT. — Il tourne, maître.

CYRILLE. — Hélas ! Si je pouvais l'arrêter ! Que faites-vous de vos soirées à présent que je ne suis plus là pour vous distraire ?

HUBERT. — Rien, maître. Paris n'est plus la capitale d'autrefois. Depuis la fermeture du *Bœuf sur le toit*, on ne sait plus que faire après le spectacle. D'ailleurs, il n'y a plus de spectacles. Et s'il en reste, ce n'est plus un endroit de rencontre pour la gent galante du troisième sexe ni du troisième âge. On peut toujours se promener aux Tuileries, mais j'ai peur de me faire voler mon portefeuille. Vous avez la chance d'avoir le sida, au moins ici vous ne courez aucun risque.

CYRILLE. — Hubert, vous savez toujours trouver le mot qui fait plaisir.

Hubert. — C'est la vérité, je suis jaloux de vous. J'ai peur de vivre centenaire, car je ne sais déjà plus que faire de mes journées.

Cyrille. — Allez vivre dans le tiers monde ! Riche comme vous êtes, vous devriez régner sur une cour d'éphèbes qui vous éventent les mouches à l'aide de feuilles de bananier.

Hubert. — J'y ai songé. Mais j'ai peur de me sentir trop loin de mes amis.

Cyrille. — Ils sont tous morts, vos amis.

Hubert. — Il me reste vous, maître.

Cyrille. — Mais pas pour longtemps ! Et quand je serai mort à mon tour, qu'allez-vous faire de votre temps ?

Hubert. — J'irai au Père-Lachaise.

Cyrille. — Qui vous a dit que j'y serais ?

Hubert. — Tout le monde y est.

Cyrille. — Justement !

Hubert. — Mais alors, où irez-vous ?

Cyrille. — Je ne vous le dirai pas. Je n'ai pas l'intention de communiquer à quiconque ma prochaine adresse.

Hubert. — Mais votre mausolée ?

Cyrille. — Quel mausolée ?

Hubert. — Je ne voulais pas vous le dire, mais vous êtes déjà le titulaire d'un mausolée au Père-Lachaise. Je me suis permis ce cadeau posthume, maître.

Cyrille. — Hubert, je vous déteste.

Hubert. — J'ai acheté un terrain juste en face d'Oscar Wilde et à deux pas de Montherlant. Je brûle d'envie de vous montrer les photos aériennes des travaux déjà entrepris.

CYRILLE. — Et ça, qu'est-ce que c'est ?

HUBERT. — Votre statue, maître.

CYRILLE. — Vous allez me raser cette monstruosité jusqu'à la dernière pierre !

HUBERT. — Vous auriez peut-être préféré le cimetière du Montparnasse, qui est plus intime.

CYRILLE. — Je ne veux être enterré nulle part ! Je me suis refusé à vous depuis le lycée, ne croyez pas que vous allez me coincer une fois mort ! Vous êtes un vieillard nécrophile !

Scène 4

Cyrille, Hubert, l'Infirmière

INFIRMIÈRE. — Aujourd'hui vous avez la forme. On vous entend vociférer jusque dans les cuisines. Il y a un journaliste qui veut vous voir.

CYRILLE. — Est-ce qu'il a un appareil photo ?

INFIRMIÈRE. — Non, je l'ai fouillé.

CYRILLE. — Hubert, ma psyché ! Je vous permets d'assister à l'entretien si vous ne dites pas un mot sur mon âge. Ne racontez surtout pas que j'étais connu avant la guerre !

HUBERT. — Vous n'étiez pas connu avant la guerre.

CYRILLE. — Raison de plus ! Vous m'avez connu dans les bras de ma mère, vous êtes un camarade de la Résistance de mon père. Faites entrer !

Scène 5

Cyrille, Hubert, l'Infirmière, le Journaliste

INFIRMIÈRE. — Monsieur Hubert, faites les honneurs de maîtresse de maison. Je suis débordée, c'est l'heure de ma ronde. Vous trouverez des boissons dans la glacière sous la véranda.

(L'Infirmière sort.)

Scène 6

Cyrille, Hubert, le Journaliste

CYRILLE. — Jeune homme, approchez sans crainte, vous ne risquez rien en me baisant la main, je n'ai rien de contagieux, mis à part les vices de l'esprit. Hubert, un siège. Comment vous appelez-vous ?

JOURNALISTE. — Jean-Marc, monsieur.

CYRILLE. — On vous a dit que vous ressemblez à un Botticelli ? Mais si, un Botticelli qui se trouve à Vérone, un jeune pâtre habillé d'une peau de mouton, au troisième rang un peu à gauche de la Vierge. N'est-ce pas, Hubert ?

HUBERT. — C'est son portrait. Un Botticelli, tout à fait.

CYRILLE. — Vous prendrez bien une coupe d'un petit *vino bianco* de Vérone que n'aurait pas dédaigné Botticelli ? Hubert, assurez le service ! Dites-moi d'abord quel est le sujet de votre entretien. Parce que je vous préviens : je ne peux pas me permettre d'aborder tous les sujets, ma mère ne sait pas que je suis homosexuel.

HUBERT. — Mais si, elle le sait !

CYRILLE. — Hubert, c'est moi qui accorde l'entretien !

HUBERT. — Est-ce que vous prendrez une rondelle d'orange confite dans votre *vino bianco,* cher Botticelli ?

JOURNALISTE. — Volontiers, merci.

HUBERT. — Voyons, maître, tout le monde sait que vous êtes homosexuel !

CYRILLE. — Mais pas ma mère !

HUBERT. — Elle le sait depuis votre petite enfance. Une mère ne se trompe jamais.

Scène 7

Cyrille, Hubert, le Journaliste, l'Infirmière

INFIRMIÈRE. — C'est la bonne ambiance, ici ! Votre perfusion passe trop vite parce que vous vous agitez comme un marchand de foire. Vous savez que votre cœur est fragile. A chaque fois que vous voyez un jeune homme, vous risquez l'infarctus. Il y a aussi une dame qui veut vous voir.

CYRILLE. — Une dame ici ? Ce ne peut être que ma belle-sœur. Dites-lui que j'ai détesté sa robe de chambre et que je n'ai pas l'intention de la recevoir.

INFIRMIÈRE. — Ce n'est pas votre belle-sœur.

CYRILLE. — Alors, pourquoi veut-elle me voir ? D'abord, qui est-elle ? Elle a bien un nom, cette femme ! C'est sa carte ? Regina Morti ? C'est une Italienne ?

INFIRMIÈRE. — Je ne sais pas.

HUBERT. — Ce n'est pas cette cantatrice d'opéra que vous avez fréquenté à Vérone avant la guerre ?

CYRILLE. — Regina Morti ? Ça veut dire la Reine des Morts ! Quel nom macabre !

HUBERT. — Mais c'est un excellent pseudonyme pour l'opéra.

CYRILLE. — Est-ce qu'elle a l'air d'une cantatrice d'opéra ?

Infirmière. — Je ne sais pas de quoi elles ont l'air, les cantatrices d'opéra.

Hubert. — Est-ce qu'elle a l'air imposant ?

Infirmière. — En tout cas, elle n'a pas peur de se faire arracher les diamants dans le métro.

Hubert. — Une cantatrice d'opéra, sans doute.

Cyrille. — Je déteste les cantatrices d'opéra, il est impossible de les faire taire, et si en plus elle voit un journaliste elle va essayer de me voler l'entretien. Faites entrer, je saurai me défendre.

(L'infirmière sort.)

Scène 8

Cyrille, Hubert, le Journaliste

Cyrille. — Mon cher Jean-Marc... Mais ça sonne tellement banal, Jean-Marc... Est-ce que je peux vous appeler Gianmarco ?

Journaliste. — Bien sûr, monsieur.

Cyrille. — Gianmarco Botticelli, je suis tellement content de vous avoir près de moi. Vous possédez la beauté sereine d'un chef-d'œuvre *del Rinascimento Italiano*. Promettez-moi que vous ne serez pas méchant avec moi dans votre gazette. On a propagé de telles insanités à propos de mon soi-disant mauvais caractère ! Il paraît que j'ai l'habitude de gifler mes partenaires. Il est vrai que, parfois, on éprouve le besoin de décharger ses nerfs en coulisse, mais je n'ai jamais maltraité un collègue sur une scène de théâtre.

Scène 9

Cyrille, Hubert, le Journaliste, Regina Morti

CYRILLE. — Madame Regina Morti, mais c'est Regina ! Ma chère Regina, quelle idée touchante de passer me voir ! Vous êtes pour quelques jours à l'Opéra de Paris avec votre « Carmen », j'ai lu ça quelque part... ou c'était la saison dernière ? Je vous présente Gianmarco qui est un jeune Français adorable et Hubert, un compagnon d'armes de mon père.

HUBERT. — Hubert Dubonnet.

CYRILLE. — Hubert, voulez-vous débarrasser Regina ? Mon cher Gianmarco, vous avez devant vous la créature qui possède l'organe le plus puissant au monde. Regina, faites-moi entendre encore une fois les dernières notes *dil* « Brindisi » de *la Traviata*.

REGINA. — *(Chante.)*

Scène 10

Cyrille, Hubert, le Journaliste, Regina Morti, l'Infirmière

INFIRMIÈRE. — Qu'est-ce qui se passe ici ? Vous réveillez tout l'étage !

CYRILLE. — *Brava ! Bravissima ! Sei una divinità ! Un Negroni per Regina !* Ecoutez, Marie-Jo, je ne vous ai pas sonné ! Allez vous occuper de vos malades !

INFIRMIÈRE. — C'est vous qui allez tomber malade si vous continuez à vous agiter comme ça ! N'oubliez pas que la semaine dernière vous avez été dans le coma ! Faites voir votre tension ? Vous allez exploser !

REGINA. — Je n'ai pas l'habitude de faire exploser mes auditeurs, mademoiselle !

INFIRMIÈRE. — Votre gueule ! Ici le chef c'est moi ! Je n'ai pas envie de pratiquer une réanimation à l'heure du déjeuner ! Je vous laisse, mais attention : si la pagaille continue, je vous interdis les visites ! C'est clair ?

(L'Infirmière sort.)

Scène 11

Cyrille, Hubert, le Journaliste, Regina Morti

CYRILLE. — Vous voyez comme je suis traité ici, ma chère Regina ! Et dire que c'est cette femme sans cœur qui va cueillir mon dernier soupir !

Regina. — Confiez-vous à moi, mon cher petit loup. Je vous protégerai de cette méchante infirmière ! Depuis que j'ai su que vous alliez bientôt trépasser, j'ai décidé de tout abandonner pour rester à vos côtés jusqu'au grand finale. J'ai annulé tous mes contrats ! Je garde encore ce mot que vous m'avez envoyé lors de la première de la *Tosca* à la Scala *di Milano*, le voici : *Regina, ti amo ! Regina, ti amo !* Je ne vous ai pas revu depuis lors, mais j'ai toujours su que nous allions nous retrouver un jour. L'évêque *di Genova*, qui est mon cousin, n'attend qu'un coup de téléphone pour venir nous rejoindre.

Cyrille. — Je ne peux pas vous épouser, ma chère Regina. J'ai le sida.

Regina. — Quelle maladie sublime ! Quelle apothéose que celle de succomber terrassé sous le poids de tant d'aventures scandaleuses ! Quelle merveilleuse fin pour un vrai artiste ! Et quel destin pour une veuve ! Je ferai composer une *cantata* pour la chanter le jour de vos obsèques ! Monsieur Dubonnet, est-ce que vous n'auriez pas quelques restes qui traînent dans votre glacière ? J'ai besoin de calmer mon diaphragme. Un poulet ? Mais je ne veux pas manger un poulet entier ! Une moitié me suffira.

Cyrille. — C'est mon poulet, Hubert ! Vous mangerez du saumon.

Regina. — Du saumon ? Du saumon rose ?

Il n'y a rien de mieux pour entretenir la fraîcheur du diaphragme. Mais je vois que vous avez aussi un rosbif. Vous êtes bien traité, à l'Assistance publique. Si j'avais su, je n'aurais pas dépensé des fortunes au *Ritz* à chaque fois que je descends à Paris. Je prendrai une suite dans votre pavillon.

CYRILLE. — L'hôpital est plein.

REGINA. — Ne jouez pas le méchant loup. C'est comme ça que vous me recevez après cette longue absence ? Par une scène de ménage ?

CYRILLE. — Je ne vous ai jamais envoyé ce billet ridicule ! Une fois que vous aurez fini votre collation je vais vous remercier de votre visite !

REGINA. — Et vous ne me demandez même pas le montant de ma dot ?

CYRILLE. — Vous me prenez pour un gigolo, espèce de vieille truie ?

REGINA. — Ce n'est pas vous le gigolo, mais ceux qui vous ont ruiné ! Vos anciens décors de théâtre ont été soldés aux enchères !

CYRILLE. — Mais que voulez-vous que je fasse de votre argent dans mon état ?

REGINA. — Je vous construirai *il più bel pànteon* au monde au cimetière *di Genova*, surplombant la Méditerranée !

CYRILLE. — Merci, j'en ai déjà un au Père-Lachaise !

REGINA. — Vous n'allez pas comparer le Père-Lachaise au cimetière *di Genova* !

Hubert. — Excusez-moi, ma chère Regina, mais c'est moi qui m'occupe de cette affaire, et ma réponse est « non ». Mon mausolée au Père-Lachaise n'attend que les dernières retouches, il est déjà habitable.

Regina. — Mais il pourrait passer les étés en Italie. *Un pànteon sulla baia di Genova, il più bel tramonto al' mondo !*

Cyrille. — Je hais la baie de Gênes !

Hubert. — Vous voyez bien, ma chère amie, que votre proposition n'a aucune chance d'être prise en considération. Et je dois vous signaler qu'il est formellement interdit de faire voyager les morts pour les vacances, même à l'intérieur du Marché commun ; c'est par ailleurs vivement déconseillable, car ça risquerait de faire peur aux enfants des estivants.

Cyrille. — Hubert, arrêtez de discuter et donnez-lui son manteau.

Regina. — Oh ! mon amour ! Dans quel profond trouble me jette votre mépris ! Moi qui pensais partager avec vous paix et bonheur au bout d'une vie fugueuse, moi qui souhaitais porter votre deuil comme un étendard du génie histrionique, dans quel abîme profond je me trouve ! Dans quel enfer d'ombres me précipite votre indifférence !

Cyrille. — Vous faites un veuvage nerveux, madame. Prenez votre manteau et courez chez votre psychiatre.

Regina. — Au lieu de vous quitter, je préfère mettre fin à mes jours en votre présence. Où est le couteau du rosbif ? O soleil de ma vie, regardez-moi une dernière fois dans les yeux ! Si votre volonté est que je cesse d'exister, je vous obéirai !

Scène 12

Cyrille, Hubert, le Journaliste, Regina Morti, l'Infirmière

INFIRMIÈRE. — Dites, madame, vous vous croyez au Châtelet ? Donnez-moi ce couteau, c'est dangereux !

CYRILLE. — Vous tombez bien, Marie-Jo. Mme Morti a fini sa visite, vous pouvez la raccompagner.

INFIRMIÈRE. — Allez, dehors, ou je me fâche.

REGINA (*s'évanouissant dans les bras du journaliste*). — *Addio, mondo crudel'* !

CYRILLE. — Pas sur mon lit !

INFIRMIÈRE. — Mais qu'est-ce qu'elle a ? On dirait qu'elle étouffe, elle devient bleue ! Elle a avalé quelque chose ! Vous qui avez les doigts longs, essayez de les lui rentrer dans la gorge ! C'est quoi ?

JOURNALISTE. — C'est une cuisse de poulet.

CYRILLE. — Elle avait avalé une cuisse de poulet ?

HUBERT. — Comme les pythons !

Cyrille. — Envoyez-la aux urgences ! Vite, avant qu'elle se réveille !

Regina. — *O profonda notte dell' infortunio !*

Scène 13

*Cyrille, Hubert, le Journaliste,
Regina Morti évanouie, l'Infirmière
le Professeur Vertudeau*

Cyrille. — Cher professeur !

Professeur. — Cher maître, je me suis permis de vous apporter des marrons glacés. Ça fait deux ans que vous êtes dans mon service.

Cyrille. — Quelle charmante idée d'avoir pensé à l'anniversaire de mon sida ! Comment je vais, cher professeur ?

Professeur. — Comment vous sentez-vous ?

Cyrille. — Je suis très angoissé. J'ai peur de mourir sans avoir joué *Richard III*.

Professeur. — Qu'à cela ne tienne, vous pouvez monter des spectacles dans l'hôpital, comme Sade. Je vous ferai prêter quelques malades de Sainte-Anne pour vous donner un coup de main. Inutile de vous dire à quel point je vous serais reconnaissant si je pouvais obtenir un petit rôle, cher maître, même de hallebardier !

Cyrille. — J'y penserai, cher professeur.

Je voudrais vous poser une question : quand est-ce que je vais sortir d'ici ?

Professeur. — Vous ne songez pas à nous quitter ! La science a des exigences aussi impératives que le théâtre. Vous devriez être fier des succès répétés contre la mort dont vous êtes le héros dans ce temple de la science. Est-ce que la vraie mort qui vous guette a quelque chose à envier à la mort drapée en noir d'une scène de théâtre ?

Cyrille. — Cher professeur, je vous suis très reconnaissant de votre affection pour le théâtre ; mais, dans ce cas, quand est-ce que je vais mourir ?

Professeur. — Qu'est-ce que vous prenez, là ?

Cyrille. — Un litre de suramine, comme toutes les semaines, et un milliard d'unités d'interféron par mois, sans compter le quotidien.

Professeur. — Bien, très bien. Madame Bongo, le dossier du malade. Pas d'accident de santé ces derniers jours ?

Cyrille. — Deux arrêts cardiaques et un coma.

Professeur. — Bien, très bien.

Infirmière. — Quelle journée, professeur ! Cette dame est tombée dans les pommes et n'est même pas hospitalisée, je n'ai pas de lit pour elle.

Professeur. — Débrouillez-vous, madame Bongo. Bien, très bien. Très bien. Très très bien. Trop bien, même.

CYRILLE. — Comment, trop bien ?

PROFESSEUR. — Dans la réalité, vous devriez être mort.

CYRILLE. — Je devais être mort ?

PROFESSEUR. — Vous vous êtes survécu d'au moins six mois.

CYRILLE. — Vous êtes sûr ?

PROFESSEUR. — Madame Bongo, faites au malade une prise de sang dans l'autre bras. Il faudra trouver les causes de cet excès de santé. Sans ça, nous devrions croire à un miracle.

CYRILLE. — J'espère que je ne serai pas forcé de me convertir ! Ni encore moins de plonger dans la piscine de Lourdes !

PROFESSEUR. — Ne craignez rien, ce ne serait qu'un miracle de la science.

CYRILLE. — Donc je serais guéri ?

PROFESSEUR. — Bien au contraire, bien au contraire. Puisque je vous dis que vous devriez être mort !

CYRILLE. — Vous me rassurez ; mais je reviens à ma première question : dans la réalité, quand est-ce que je vais mourir ?

PROFESSEUR. — Vous ne mourrez jamais, cher maître. Votre nom nous survivra tous !

CYRILLE. — Je ne parle pas de mon nom, je parle de moi !

PROFESSEUR. — Vous vivrez aussi longtemps que votre sida. Il est déjà arrivé à l'âge de deux ans, nous en reparlerons à l'occasion de son prochain anniversaire. Je passerai vous voir demain, comme tous les matins.

Hubert. — Voudriez-vous partager notre déjeuner avec nous, cher professeur ? On se demande toujours ce que vous êtes forcé de manger à la cantine.

Professeur. — Merci, merci, ce serait avec plaisir, mais je n'ai pas le temps. Je dois pratiquer une lobotomie dans quinze minutes.

Hubert. — Une lobotomie pour un sida ?

Professeur. — La lobotomie est mon hobby. Je ne pratique que le dimanche. Mais qu'est-ce que je vois là ? Une cuisse de poulet ?

Hubert. — Pas celle-ci, professeur. Prenez plutôt celle-ci qui est de première main.

Professeur. — Et un rosbif ! Je ne crois pas mes yeux ! C'est du vrai foie gras ?

Hubert. — Je vais vous préparer un plateau pour pique-niquer avant votre opération.

Professeur. — Je ne voudrais pas dévaliser votre garde-manger.

Hubert. — Aucune importance, nous nous ferons livrer la même chose par Fauchon. N'est-ce pas, maître ?

Cyrille. — Absolument ! Prenez tout, cher professeur.

Professeur. — Comment vous remercier ?

Hubert. — Rien n'est trop bon pour vous, cher professeur !

Professeur. — Madame Bongo, aidez-moi à transporter ces délices. Vous connaissez ma cachette dans la salle d'opération, je vais me restaurer au moment de la pause.

Infirmière. — Je ne suis pas votre bonne !

Professeur. — Depuis que vous vous êtes mariée, vous êtes devenue intraitable, madame Bongo. En route !

Infirmière. — Et qu'est-ce que je fais de la cantatrice d'opéra ?

Professeur. — On trouve toujours une solution à tout.

(L'Infirmière et le Professeur sortent.)

Scène 14

*Cyrille, Hubert, le Journaliste,
Regina Morti évanouie*

Cyrille. — Hubert, vous savez très bien que Fauchon ne livre pas les dimanches !

Hubert. — Il nous reste les marrons glacés du professeur.

Cyrille. — Je ne vais pas me nourrir exclusivement de marrons glacés !

CARTE POSTALE

CHRISTIAN BOURGOIS ÉDITEUR

8, rue Garancière

75006 Paris

Si vous désirez recevoir notre catalogue, nous vous demandons de bien vouloir remplir ce questionnaire et de nous le retourner.

Nom .... Prénom ....

Adresse ....

....

Profession .... Age ....

Titre de l'ouvrage dans lequel était insérée cette carte

....

Nom et adresse de votre libraire ....

....

....

Avez-vous une suggestion à nous faire ? ....

....

....

....

....

A .... le .... 19.......

Scène 15

Les mêmes, plus l'Infirmière

INFIRMIÈRE. — Il est midi ! Ça vous intéresse, un plateau-déjeuner de l'Assistance ?

CYRILLE. — Qu'est-ce que c'est ?

INFIRMIÈRE. — Carottes râpées et hamburger bouilli aux nouilles. Vous avez droit à deux desserts parce que c'est dimanche : petit carré de fromage plus yaourt-fraise.

CYRILLE. — C'est répugnant.

HUBERT. — Ce doit être très sain, puisque ça n'a pas d'odeur.

CYRILLE. — Alors mangez-le vous-même et donnez-moi les marrons glacés.

INFIRMIÈRE. — Débrouillez-vous !

(*L'Infirmière sort.*)

Scène 16

*Hubert, Cyrille, le Journaliste,
Regina Morti évanouie*

JOURNALISTE. — Je peux aller vous chercher quelque chose à manger à l'extérieur de l'hôpital, monsieur.

CYRILLE. — Tiens, vous êtes toujours là ? Vous ne dites jamais rien ?

Journaliste. — Je n'ai pas eu l'occasion, monsieur.

Cyrille. — Et c'est tout ce que vous avez à dire ? Si vous publiez un seul mot sur ce que vous avez vu et entendu ici, je vous maudirai dès l'au-delà.

Journaliste. — Je m'en garderai bien, monsieur.

Cyrille. — Pourquoi est-ce que vous ne m'appelez pas « maître » ?

Journaliste. — Je n'en ai pas l'habitude, maître.

Cyrille. — Vous êtes intimidé ? Vous n'aviez jamais rencontré une folle sublime dans la vie privée ?

Hubert. — Maître, vous devriez vous débarrasser de cette mauvaise habitude de malmener les journalistes. Il y a un moment vous le compariez à un Botticelli.

Cyrille. — Moi, j'ai comparé ce monstre à un Botticelli ? Vous appartenez à une génération d'hommes sans charme, mon pauvre ami ! Hubert, Montrez-lui une photo de moi à son âge.

Hubert. — Laquelle ?

Cyrille. — Montrez-lui ma photo dans le rôle d'Hamlet.

Hubert. — Vous avez joué Hamlet à tous les âges.

Cyrille. — Peu importe laquelle.

Hubert. — Je n'en trouve aucune d'Hamlet. Mais en voici une où vous êtes habillé en valet de chambre. Je crois que c'était en « Tovaritch » ; vous êtes à côté d'Elvire Popesco.

CYRILLE. — Coupez Popesco et montrez-lui la photo de moi tout seul. Ne penchez pas la tête pour regarder la photo mais soulevez la photo un peu au-dessus de votre regard. Reculez un peu la tête. Hubert, passez-lui ma psyché ! Prenez-la de l'autre main, levez les sourcils... encore un peu... encore un peu... avancez le menton comme moi dans la photo... A présent vous avez un profil de théâtre. Vous feriez un acteur intéressant si j'avais le temps de vous donner quelques leçons.

JOURNALISTE. — Je n'ai peut-être pas la vocation, maître.

CYRILLE. — Je disais ça pour vous faire plaisir, parce que dans la réalité vous avez l'air d'un sac de pommes de terre. Vous êtes un mou et un voyeur, comme tous les journalistes. Je vous ai tourné en ridicule en trois phrases. Cet entretien est fini, vous pouvez disposer.

Scène 17

*Hubert, Cyrille, le Journaliste,
Regina Morti évanouie, l'Infirmière*

INFIRMIÈRE. — Encore un cadeau de votre belle-sœur !

HUBERT. — Un sorbet de chez Bertillon !

INFIRMIÈRE. — Je n'ai jamais vu un sorbet de cette taille ! Votre belle-sœur est une vraie aristocrate. Comme c'est votre anniversaire, le professeur m'a dit de vous débrancher plus tôt. *(Elle lui enlève la perfusion.)* Comme ça vous pourrez faire quelques pas pour vous approcher du sorbet.

CYRILLE. — Est-ce que le professeur l'a vu passer ?

INFIRMIÈRE. — Le sorbet ? Il a même passé le doigt dessus.

CYRILLE. — Il va falloir trouver un moyen de se ravitailler en cachette, Hubert.

Scène 18

Les mêmes, plus le Professeur

PROFESSEUR. — Vous voici libéré de votre fil à la patte, cher maître !

CYRILLE. — Comment vous remercier, cher professeur ?

PROFESSEUR. — Comment vous remercier pour ce superbe rosbif ? Tendre comme du beurre, mais je vois que vous vous apprêtez au dessert, alors que moi je n'aurai pas le temps d'y goûter. Je devrais déjà être en groupe d'opération, mais ma patiente s'est volatilisée, je me demande où elle est passée.

CYRILLE. — Hubert, des cuillères à glace.

Professeur. — Une seule cuillère à soupe me suffira, merci. Mmm ! Un sorbet aux fraises des bois ! Ça m'évoque le parfum de ma nourrice à Deauville... Mon premier tricycle... les planches de la promenade... crac, crac... et la petite voisine, comment s'appelait-elle ?... Elle était si mignonne avec ses petites tresses sur son petit tricycle... Lili, elle s'appelait Lili... Mmmm... Quel grand artiste, ce Bertillon !

Infirmière. — Les dimanches vous savez comment ils sont à l'entrée, professeur. Votre patiente ils l'ont peut-être envoyée en maternité.

Professeur. — Ça m'étonnerait, je l'ai vue déjà anesthésiée dans le couloir il y a au moins une heure.

Infirmière. — Vous êtes sûr ? Ce matin ils sont passés chercher les morts de la semaine, ils ont dû l'emmener avec.

Professeur. — Madame Bongo, c'est votre affaire ! Où qu'elle soit, je veux ma patiente tout de suite sur la table d'opération ! C'est un ordre !

Infirmière. — La morgue n'ouvre pas les dimanches après-midi.

Professeur. — Débrouillez-vous, madame Bongo ! Cherchez la clé de la morgue.

Cyrille. — Vous avez perdu votre patiente, professeur, et moi j'en ai gagné une. Que dois-je faire de cette femme hystérique qui se trouve sur mon lit ? Je n'ai pas l'intention de la garder ici indéfiniment.

Professeur. — Une hystérique ? Mais c'est ma patiente ! Comment est-ce qu'elle est arrivée là ? Ce n'est pas gentil d'avoir attiré ma patiente dans votre lit, maître !

Cyrille. — L'avoir attirée dans mon lit ? Ça fait une heure que je demande que l'on m'en débarrasse !

Professeur. — Madame Bongo, vous avez entendu ?

Infirmière. — Les brancardiers sont en train de déjeuner.

Professeur. — Tant pis ; nous la transporterons comme ça. Jeune homme, donnez-moi un coup de main.

Regina. — Je me sens transportée dans le nirvâna... O mon noble amour, attendez-moi... après ma lobotomie je vous aimerai davantage...

Cyrille. — N'oubliez pas de bien lui récurer le crâne, cher professeur !

(L'Infirmière, le Professeur et le Journaliste sortent en transportant Regina Morti évanouie.)

Scène 19

Cyrille, Hubert

Cyrille. — Hubert, est-ce que je l'ai séduit ?

Hubert. — Botticelli ? Il est à vos pieds, maître.

Cyrille. — Ma vieille technique reste toujours efficace. Un coup de séduction, un coup de griffe. Il ne me reste plus qu'à le pousser jusqu'à l'amour fou. Ce soir je joue le tout pour le tout ! Est-ce que j'ai toujours mon blouson en daim avec les franges ? Et mon foulard indien de chez Cerruti ?

Hubert. — Tous vos vêtements de ville sont chez vous.

Cyrille. — Comment ? Et je n'ai rien à me mettre pour sortir d'ici ?

Hubert. — Rien, maître.

Cyrille. — Hubert, je n'avais jamais remarqué que vous avez presque ma taille.

Hubert. — Ça m'étonnerait beaucoup.

Cyrille. — Votre coupe est démodée, mais ça ira.

Hubert. — Vous voulez mon costume ? Et moi ?

Cyrille. — Vous passerez la nuit dans mon lit. Il faut bien que l'un de nous deux reste pour duper l'infirmière de nuit.

Hubert. — Et si on me mettait sous perfusion ?

Cyrille. — Bien sûr, on vous mettra sous perfusion. Ne me dites pas que vous avez peur d'une aiguille !

Hubert. — Je tremble rien qu'à l'idée.

Cyrille. — Je vous croyais un ami loyal, Hubert !

HUBERT. — Maître, vous savez que je ferais tout pour vous, mais...

CYRILLE. — Alors, vite vos pantalons ! Vous passerez ces pantalons de pyjama !

HUBERT. — Mais alors je vais vous montrer mes jambes !

CYRILLE. — Il faut bien que je voie vos jambes au moins une fois dans ma vie !

HUBERT. — Je meurs de honte !

CYRILLE. — Elles sont exactement telles que je les imaginais, vos jambes.

Scène 20

Cyrille, Hubert, l'Infirmière, le Journaliste

INFIRMIÈRE. — Monsieur Hubert, rhabillez-vous ! Vous savez que ça vous est rigoureusement interdit ! Vous risquez de nous claquer comme ça ! Pour cette fois je ferai comme si je n'avais rien vu, mais attention à la prochaine !

HUBERT. — Merci, ma chère Marie-Jo ! Mon supplice est terminé.

INFIRMIÈRE. — Mon pauvre monsieur Hubert, à votre âge !

JOURNALISTE. — J'ai réussi à récupérer le foie gras, maître. Il garde à peine quelques traces de morsures.

Cyrille. — Vous êtes un vrai chien de chasse, mon garçon. Hubert, à quelle heure avez-vous l'intention de dresser la table ?

Infirmière. — C'est la première fois que je vais goûter du foie gras, pourtant je suis née dans la ville de Foix et ma mère est originaire de la ville de Grasse. C'est bizarre, non ?

Cyrille. — Personne ne vous a invitée, que je sache. Allez manger votre repas dans le réfectoire, comme tous les midi.

Infirmière. — Mais aujourd'hui c'est votre anniversaire.

Cyrille. — Alors, rien qu'une tranche. Il n'est pas extensible, ce foie gras.

Infirmière. — On dirait de la nourriture pour chiens. Oh ! ça me dégoûte, ça !

Hubert. — Une tranche, Botticelli ? Marie-Jo, une coupe de *vino bianco* ?

Infirmière. — Merci, pour descendre cette cochonnerie. Vous n'allez pas me croire, mais l'opium, je l'ai fumé. Et ça ne me fait aucun effet. Vous êtes pas mal, le journaliste. Vous ressemblez à mon mari, mais en blanc.

Cyrille. — Marie-Jo, vous êtes droguée ! Je vous avais bien dit de ne pas fumer avant d'être rentrée chez vous !

Voix du professeur. — Madame Bongo, l'anesthésie !

Voix de Regina. — *O, amore ! Dal profondo abisso dell'incoscienza penso a te !*

Infirmière. — Dites, est-ce que quand on fume de l'opium on voit les gens verts ?

CYRILLE. — Vous voyez les gens verts parce que vous avez aussi peu d'imagination qu'une chenille ! Si c'est pour ça, ce n'était pas la peine de fumer mon opium !

VOIX DU PROFESSEUR. — Madame Bongo, le scalpel ! Madame Bongo, un tire-bouchon !

INFIRMIÈRE. — Tant mieux si je suis devenue une chenille, j'aime le monde en vert !

(Elle sort.)

Scène 21

Cyrille, Hubert, le Journaliste

CYRILLE. — Enfin seuls ! Hubert, mettez-nous un peu de musique légère et entrefermez les volets.

HUBERT. — Est-ce qu'une petite valse de Vienne vous conviendrait ?

CYRILLE. — Mettez les Beatles. Je suis un fan des années soixante.

HUBERT. — Je croyais que vous détestiez ça.

CYRILLE. — Cher ami, si vous voulez rendre visite à votre cousine de Versailles, il est temps de vous mettre en route.

HUBERT. — Ma cousine de Versailles ? Elle est morte.

CYRILLE. — A part moi, il doit bien rester quelqu'un de vivant parmi vos connaissances.

Hubert. — Personne, maître.

Cyrille. — Alors allez au Père-Lachaise surveiller les travaux de mon mausolée. Ne restez pas toute la journée collé à moi !

Hubert. — J'irai faire la sieste dans votre baignoire. Réveillez-moi pour voir le match de foot à la télévision.

(Il sort.)

Scène 22

Cyrille, le Journaliste

Cyrille. — N'ayez crainte, je n'ai pas l'intention de vous violer, mais seulement de vous interroger. Pour une fois, c'est vous qui fournirez les réponses, je suis le journaliste. Quelle est votre âge ?

Journaliste. — Trente ans, maître.

Cyrille. — Vous pouvez laisser tomber le « maître ». Votre sexe ? Vous semblez hésiter. Qu'est-ce qu'il y a d'écrit sur votre extrait de naissance ?

Journaliste. — Sexe masculin.

Cyrille. — Vous voyez comme c'est facile ? Marié ?

Journaliste. — Non, maître.

Cyrille. — Est-ce que vous êtes un don Juan ?

Journaliste. — Non. Pas du tout.

CYRILLE. — Vous êtes vraiment un homme banal. Est-ce qu'il vous est déjà arrivé de rêver de gloire ? Pas sur une scène de théâtre, mais dans la vie, à l'intérieur de votre journal, ou même au sein de votre famille ? Est-ce qu'enfant vous aidiez spontanément les aveugles à traverser la rue pour faire l'admiration de votre entourage ?

JOURNALISTE. — Je ne pense pas que ça me soit jamais arrivé. J'étais aussi un enfant banal, monsieur.

CYRILLE. — Mais adolescent, vous avez bien dû rêver d'être un grand écrivain avant de devenir journaliste. Vous n'avez rien écrit ? Même pas un poème ?

JOURNALISTE. — Je crains que non.

CYRILLE. — Est-ce qu'il vous est arrivé quelque chose d'intéressant, au moins une fois dans votre vie ? Même par hasard... Vous n'avez même pas obtenu une distinction quelconque ? Vous ne pratiquez aucun sport ?

JOURNALISTE. — Si, le tennis.

CYRILLE. — C'est à désespérer. Vous êtes recalé, vous n'avez même pas le droit à une colonne dans mon journal.

JOURNALISTE. — Je suis navré de vous décevoir, monsieur.

CYRILLE. — Vous n'êtes pas le premier. Est-ce que vous accepteriez un nuage de mon narguilé ? Sublime, n'est-ce pas ? C'est le narguilé de Cocteau, il me l'a donné quand il s'est arrêté de fumer. Et moi, je suis toujours vivant ! Je n'ai pas peur de mourir, mais de vivre toujours coincé dans mes souvenirs ! Si la vie éternelle c'est ça, il y a longtemps que j'en cherche la sortie. N'est-il pas sublime, ce narguilé ?

JOURNALISTE. — Sublime, monsieur.

CYRILLE. — Je vous le laisserai en héritage, comme ça vous vous souviendrez de moi les soirs de spleen.

JOURNALISTE. — Merci beaucoup, monsieur.

CYRILLE. — Je m'étais fait l'illusion de retrouver en vous ma propre jeunesse, mais rien en vous ne me séduit. Il y a trente ans je vous aurais peut-être trouvé désirable, et encore je ne suis pas sûr de cela, et puis vous n'étiez qu'un nouveau-né. Relisez-moi ce que j'ai dit. Comment, vous ne prenez pas de notes ?

JOURNALISTE. — Non, monsieur. Je fais confiance à ma mémoire.

CYRILLE. — Si votre mémoire est aussi sotte que vous, vous n'écrirez que des sottises. Tenez, un cahier de l'Assistance et mon Parker. Vous comptez noircir combien de pages ? Je voudrais savoir pour ménager mes effets.

JOURNALISTE. — Combien de pages souhaitez-vous ?

CYRILLE. — Peu m'importe le nombre de pages, mais je veux ma photo en couverture. Hubert, où est passée ma photo dans le rôle d'Hamlet ?

VOIX D'HUBERT. — A moi ! Au secours !

(Le journaliste sort.)

CYRILLE. — Ce pauvre Hubert fait des cauchemars à l'heure de la sieste !

Scène 23

Cyrille, le Journaliste entre soutenant Hubert

HUBERT. — Aïe ! Une abeille dans la baignoire !
CYRILLE. — Il faut tout de suite enlever le dard, n'oubliez pas que vous êtes diabétique !
HUBERT. — Je me suis assis dessus.
CYRILLE. — Marie-Jo ! Elle n'est jamais là quand on a besoin d'elle !
JOURNALISTE. — Permettez-moi de vous aider, monsieur.
HUBERT. — Aïe !
JOURNALISTE. — Le dard n'est même pas entré dans la chair. Le voici.
HUBERT. — Merci, cher ami. Vous m'avez sauvé la vie.

Scène 24

Les mêmes, plus l'Infirmière

INFIRMIÈRE. — Monsieur Hubert ! Encore ?

Je n'aurais jamais cru ça de vous, c'est honteux !

Journaliste. — Il y a des abeilles dans la pièce.

Infirmière. — Des abeilles ? Aïe !

Cyrille. — Elles viennent attirées par le sorbet. Il est noir d'abeilles ! Marie-Jo, sortez le sorbet d'ici !

Infirmière. — Où voulez-vous que je le mette ?

Cyrille. — Allez le déposer sur leur ruche.

Infirmière. — J'ai peur !

Cyrille. — Ne criez pas, vous allez les effrayer... Marchez lentement vers la porte... Elles sont ivres aux fraises sauvages...

(L'Infirmière sort avec le sorbet.)

Voix de Regina. — *Mi sento ritornare à la vita, amore mio !*

Scène 25

*Cyrille, Hubert, le Journaliste,
Regina Morti, le professeur*

Professeur. — Cher maître, permettez-moi de vous dédier une première scientifique mondiale ! Je viens de greffer un cerveau artificiel de mon invention !

Regina. — O mon amour ! Mon cerveau aux silicones ne pense qu'à faire ton bonheur ! En gage de ma fidélité je te fais don de mon ancien cerveau, dans lequel j'ai laissé des souvenirs de mes amours d'autrefois. C'est mon passé que je t'offre dans ce morceau de matière grise !

Cyrille. — Votre passé, donnez-le à votre chat ! Et n'approchez pas, vous me faites peur ! *(Il se cache derrière le Journaliste.)* Professeur, faites quelque chose !

Professeur. — Elle a un comportement parfaitement normal. Elle veut vous prouver son affection.

Regina. — *Questo cervello col quale sono nata é per te, amore mio ! Devi mangiarlo per provare la tua passione ! tieni, mangialo tutto ! Quando tu sarai morto, io mangero il tuo cuore !*

(Elle envoie le cerveau sur le Journaliste qui protège Cyrille. Le Journaliste sort, en s'essuyant.)

Professeur. — Plus inspirée que jamais ! Un vrai génie de la scène !

Scène 26

Cyrille, Hubert, Regina Morti, le Professeur, l'Infirmière

Infirmière *(entre avec le sorbet)* — Au secours ! Les abeilles !

(Elle tombe avec le sorbet sur le Professeur.)

CYRILLE. — Bravo, Marie-Jo !

HUBERT. — Un vrai coup de théâtre !

INFIRMIÈRE. — Oh ! professeur ! Qu'est-ce que j'ai fait ! Excusez-moi !

PROFESSEUR. — Essayez de récupérer quelque chose avec une cuillère, madame Bongo !

REGINA. — *E adesso, amore mio, ché cosa devo fare ? Sono la tua schiava !*

CYRILLE. — Adressez-vous au professeur ! C'est son cerveau que vous portez ! C'est à lui de vous donner des ordres !

REGINA. — *Mio caro professore, ché cosa devo fare ?*

PROFESSEUR. — Je vous ai dit que votre cerveau marche tout seul, il n'a pas besoin de recevoir des ordres. Vous êtes un être libre !

REGINA. — *Oh nobile vestale, che cosa devo fare ?*

INFIRMIÈRE. — Je ne comprends pas quand c'est chanté. Si vous voulez quelque chose, demandez comme tout le monde.

REGINA. — *Caro signor Dubonnet !* Le beau, le bon *signor* Dubonnet ! Le destin, après m'avoir fait rouler de maître en maître, m'a désignée comme votre esclave ! *Voglio un' ordine ! Ché cosa devo fare ?*

HUBERT. — Ma chère Regina, je vous donne l'ordre de vous taire.

PROFESSEUR. — Ah, non, ne lui dites pas ça ! Il faut qu'elle chante tout le temps, sans ça son cerveau tombe en panne. *Cara diva,* chantez-nous quelque chose de doux à l'oreille, comme une berceuse. A présent, elle ne veut plus ouvrir la bouche. Mais ce n'est qu'un léger choc post-opératoire.

Cyrille. — Nous nous passerons très bien de sa voix. Sa présence remplit la scène. Hubert, rangez-la dans un coin.

Hubert. — Et moi, cher professeur, quand est-ce que je pourrais me rasseoir ?

Professeur. — Nous verrons ça dans une semaine.

Infirmière. — Et moi ? Qui s'occupe de moi ? Tu t'occupes de tout le monde sauf de moi ! Alors que tu sais que j'ai fumé de l'opium et que j'ai besoin de toi !

Professeur. — Madame Bongo, pas de scène en public !

Infirmière. — Que tout le monde sache qui tu es, faux jeton ! Depuis que je suis mariée, tu ne m'invites plus dans ta garçonnière ! Tu ne veux plus de moi parce que j'ai épousé un Noir ! Raciste !

Professeur. — Madame Bongo !

Cyrille. — Bravo, Marie-Jo !

Hubert. — Quel tempérament dramatique !

Infirmière. — Je vais envoyer une lettre anonyme à ta femme ! Je lui raconterai comment tu me faisais l'amour sur un tricycle !

Hubert. — Un vrai tour d'acrobate !

Professeur. — Je t'avais pourtant dit que je ne voulais pas te partager avec un autre,

Marie-Jo ! J'ai ma dignité d'homme ! Mais je te jure que personne n'est monté sur le tricycle après toi.

INFIRMIÈRE. — Menteur ! Tu es rentré avec la fille de salle !

PROFESSEUR. — Je ne l'ai pas monter sur un tricycle, mais sur un balai.

CYRILLE. — Sur un balai ? C'est sublime !

HUBERT. — Comme les sorcières de Shakespeare !

INFIRMIÈRE. — Sur un balai ? Ordure ! Je ne te croyais pas capable de ça !

CYRILLE. — Fâchez-vous davantage ! Faites sortir votre tempérament !

PROFESSEUR. — Tu vas t'arrêter, salope ?

(Le Professeur gifle l'Infirmière.)

HUBERT. — Une gifle ! Du vrai réalisme !

PROFESSEUR. — Jojo, tu pleures ? Je t'ai fait mal ?

INFIRMIÈRE. — Je t'aime, Jean-Pierre ! Je te pardonne tout !

CYRILLE. — Un happy-end, quelle déception !

PROFESSEUR. — On va monter sur le tricycle ?

INFIRMIÈRE. — Tu es fou, on est de garde...

PROFESSEUR. — Allons dans la salle d'opération.

CYRILLE. — Dehors, ringards !

HUBERT. — On ne peut pas se fier à des acteurs aussi médiocres !

(Le Professeur et l'Infirmière sortent.)

Scène 27

Cyrille, Hubert, Regina Morti

CYRILLE. — Où est passé Botticelli ?

HUBERT. — Il doit faire quelques pas dans le jardin.

CYRILLE. — Et s'il ne revient pas ?

HUBERT. — Il reviendra, j'en suis certain.

REGINA. — Qu'ils s'en aillent de chez nous ! Que les vivants partent avec les vivants ! Notre royaume les ignore ! O mon amour, quand est-ce que nous allons consommer notre mariage ?

CYRILLE. — Vous êtes folle ? Nous ne sommes pas mariés !

REGINA. — Nous le sommes dans le royaume des morts.

CYRILLE. — Vous êtes peut-être morte, pas moi.

REGINA. — *Ti voglio adesso ! Andiamo sùbito consommare il nostro amore sul' letto !*

HUBERT. — Mais Regina, vous sortez d'une opération délicate !

REGINA. — Si tu ne veux pas de moi vivant, je vais te tuer pour te posséder mort. Notre amour ne sera que plus exaltant. Où est le couteau du rosbif ?

CYRILLE. — Encore ?

Hubert. — Chère Regina, vous avez tout le droit de consommer, mais à mon avis vous n'êtes pas habillée pour l'occasion. Vous n'avez pas les sous-vêtements adaptés. Pour séduire le cœur d'un homme il faut absolument porter des sous-vêtements coquins. Savez-vous ce que ça veut dire ? Plus tard je vous emmènerai faire un tour dans les boutiques de Pigalle, comme ça vous pourrez consommer demain.

Regina. — *Andiamo sùbito a Pigalle, bello e buono signor Dubonnet !*

Cyrille. — C'est ça, emmenez-la à Pigalle, vous l'abandonnerez là-bas !

Hubert. — Pas tout de suite, chère Regina.

Regina. — *Subito ! Voglio andare a Pigalle comprare le mutande sexy !*

Hubert. — Plus tard, je vous ai dit !

Cyrille. — Profitez de l'occasion, Hubert, vous n'en serez que plus vite débarrassé !

Regina. — *Subito, subito !*

Hubert. — Vous m'étranglez !

Regina. — *Subito, subito, la morte subito !*

Scène 28

Cyrille, Hubert, Regina Morti, le Journaliste

(Le journaliste s'empare de Regina, Hubert frappe Regina sur la tête avec une lampe.)

Regina. — Do - ré - mi - fa - fa...

(Le journaliste transporte Regina sur le lit.)

Cyrille. — Botticelli ! Nous avons failli mourir étranglés ! Vous nous sauvez la vie ! Où étiez-vous passé, mon ange ?

Journaliste. — Je changeais mon disque de stationnement, monsieur.

Cyrille. — Hubert, restez près d'elle avec votre lampe. Je ne veux pas mourir assassiné par une femme. J'ai passé ma vie à fuir les femmes !

Hubert. — Je peux en témoigner, une vraie vie de cauchemar !

Cyrille. — Quand je quittais la scène, elles m'attendaient en coulisse par grappes ! Parfois elles montaient par le trou du souffleur ! Je devais faire évacuer ma loge par les pompiers de service ! Combien de fois j'en ai trouvé de cachées derrière mes costumes ? Et sous mon divan !

Hubert. — A Manaos, il a fallu l'armée pour le sortir du théâtre.

Cyrille. — Et plus je faisais la folle sur scène, plus elles m'adoraient.

Hubert. — Une malédiction, une vraie malédiction !

Cyrille. — Mon cher Hubert, vous m'avez sorti de tant de situations dangereuses !

Hubert. — Ne m'en parlez pas, nous avons une dizaine de suicides sur la conscience !

Cyrille. — Mais vous ne dites rien ? Regardez-moi. Je vous fais peur ?

Journaliste. — Non, monsieur.

Cyrille. — Cette ambiance d'hôpital où tout rappelle la mort ! Cette horrible femme fascinée par ma mort ! Moi-même l'attendant... Vous ne savez pas que la mort se trouve dans cette pièce ?

Journaliste. — Non, monsieur.

Cyrille. — Elle est venue me chercher, je la devine derrière mon dos.

Hubert. — Elle est là, sans doute ; mais qui vient-elle chercher ? Peut-être ce n'est pas vous.

Scène 29

Cyrille, Hubert, Regina Morti, le Journaliste, le Professeur

Professeur. — Cher maître, messieurs, vous serez sans doute surpris de me voir en costume tropical. Je pars en Afrique lutter contre le sida là-bas. C'est la seule chose qui me reste à faire pour ne pas devenir fou.

Cyrille. — Vous partez en Afrique ? Et vos malades ?

Professeur. — Les médecins se remplacent aussi facilement que les malades.

Cyrille. — Mais et moi, cher professeur ?

Professeur. — N'essayez pas de m'attendrir ; je serai infléchissable. Ma situation ici, ballotté entre ma femme légitime et Madame Bongo, est devenue insoutenable. Voulez-vous que je vous avoue la vérité sur le tricycle ? J'ai toujours eu horreur des tricycles. En Afrique, au moins, on ne connaît pas le tricycle.

CYRILLE. — Donnez-moi le temps de réfléchir, professeur. N'agissez pas sur un coup de tête. Consultez vos collègues avant de prendre une décision.

PROFESSEUR. — Ce sont eux qui me poussent à quitter ma chaire à la Faculté. Mes méthodes de guérison leur paraissent de plus en plus suspectes. Ma médecine est trop humaine pour le monde glacé des laboratoires. En Afrique je pourrai rendre libre cours à mes élans de cœur, ce n'est pas le matériel humain qui me manquera. Vous expliquerez tout ça à Madame Bongo, je l'ai envoyée faire le ménage de la cave pour l'éloigner quelques minutes, car j'ai peur d'un dernier entretien. Et vous, si vous voulez un conseil, soignez-vous par les plantes. Vous allez mourir de toute façon, et dans le pire des cas, une tasse de chicorée est plus agréable qu'une perfusion.

CYRILLE. — Une tasse de chicorée ? Mais j'ai déjà mon opium !

PROFESSEUR. — Prenez les deux. Adieu, cher maître. Peut-être nous retrouverons-nous quelque part hors de ce monde où tout est bruit et fureur, quelque part dans une autre galaxie. Vous avez été mon patient préféré.

CYRILLE. — Cher professeur, je suis confus.

PROFESSEUR. — Excusez ce moment de trouble, je n'ai pas l'habitude de pleurer en public.

CYRILLE. — Hubert, votre mouchoir.

PROFESSEUR. — Merci. C'est la tristesse après le coït. Les Romains la connaissaient déjà.

HUBERT. — C'est vrai que Madame Bongo a beaucoup d'une matrone romaine.

PROFESSEUR. — Comment vous exprimer ma gratitude lors de ce moment de mélancolie ?

CYRILLE. — Ça vous passera. Tout le monde connaît la tristesse après le coït.

HUBERT. — Ne soyez pas si optimiste, ça peut durer toute la vie. Comme chez moi, par exemple. Un seul coït et ensuite un demi-siècle de tristesse. Mais je ne dirai pas qui a été le complice de ce coït, ça vous ferait rire.

CYRILLE. — Je l'ai toujours su, c'était votre nourrice !

PROFESSEUR. — Comment, vous aussi ?

HUBERT. — Nous avons tous une femme fatale dans la vie, et c'est souvent notre nourrice.

PROFESSEUR. — C'est de l'opium ? Mais que va dire ma femme si je rentre dans les vapes ?

CYRILLE. — Vous lui direz que c'était votre anniversaire.

PROFESSEUR. — Durant mon enfance, ma famille passait ses vacances dans une villa louée à Deauville. Ma nourrice était grosse et blonde, et s'appelait Yvonne. Je souhaitais de tout mon cœur que mes parents m'achètent un tricycle, mais elle s'opposait. Elle préférait me garder dans le landau où elle pouvait m'attacher à son aise. Et mes parents n'écoutaient qu'elle, bien que j'avais déjà six ans. Un jour je me suis décidé à voler le tricycle de ma petite voisine Lili, croyant ma nourrice endormie au pied d'un arbre. Grave erreur ! Je me suis lancé dans une course folle sur les planches de la promenade, avec ma nourrice à ma poursuite. Et puis, soudain : patatras ! Le nez fracturé, la lèvre fendue, mes dents de lait éparpillées entre les planches, je perdais mon sang sur le sable quand ma nourrice s'est abattue sur moi, elle me déculotte et elle me fouette en public ! Mais le pire a été que mes parents, trouvant la punition insuffisante pour mon crime, m'ont fait passer la nuit suspendu à la corde à linge par les oreilles. Regardez ! Je garde toujours les oreilles décollées.

CYRILLE. — C'est monstrueux !

PROFESSEUR. — Et je n'ai jamais eu de tricycle à moi !

HUBERT. — Mon pauvre professeur, les nourrices sont les êtres les plus sauvages sur terre !

PROFESSEUR. — Heureusement, je crois qu'il n'en reste plus une seule.

HUBERT. — Enfin une vraie conquête de l'homme !

PROFESSEUR. — Mais des parents il y en aura toujours, cher monsieur Dubonnet !

HUBERT. — Hélas, hélas !

REGINA. — Du bo, du bon, Dubonnet !

CYRILLE. — Faites quelque chose, professeur ! Elle a déjà essayé d'étrangler Hubert !

REGINA. — Du bo, du bon, Dubonnet ! *Voglio il mio aperitivo preferito !*

PROFESSEUR. — Mais que dites-vous ? Elle a un comportement parfaitement normal, c'est l'heure de son apéritif. *Cara diva, come ci sentiamo ?*

CYRILLE. — Cher Botticelli, servez un Dubonnet à Madame Morti. Tenez, vous glisserez cette pilule dans son verre.

REGINA. — Dans quel théâtre sommes-nous ? C'est ici ma loge ? Et vous, qui êtes-vous ?

PROFESSEUR. — Nous sommes vos amis, *cara diva*.

HUBERT. — Les plus fervents admirateurs de votre talent.

JOURNALISTE. — Votre apéritif, *cara diva*.

REGINA. — *Grazie, notevole signori. E bebbiamo al' trionfo de stassera !* A propos, à quelle heure dois-je entrer en scène ? Est-ce que j'ai déjà signé mon contrat ? Combien je touche ? Et qui est mon partenaire ? Mais, je vous reconnais ! Vous êtes l'habilleur *dil Teatro della Fenice*. C'est vous qui m'avez affublée de ces bandages ? Je suis censée être blessée à la tête ? C'est un opéra moderne ? Qui est l'auteur ? Et le chef d'orchestre, c'est vous ? Et vous, qui êtes-vous ? Ah, mais c'est vous ! C'est vous ! Je savais que tôt ou tard j'allais vous retrouver sur mon chemin, monsieur l'acteur ! Vous m'avez séduite et abandonnée lorsque j'étais une petite chanteuse de rue. Votre mépris a marqué toute ma carrière. Je me suis juré de vous abattre à la première occasion où je vous rencontrerais ! J'ai attendu plusieurs décennies, mais le moment est venu d'accomplir ma noire vengeance ! Où est le couteau du rosbif ?

CYRILLE. — Quelle obsession !

PROFESSEUR. — Ma chère diva, vous n'allez pas tuer ce monsieur avant d'entrer en scène, n'oubliez pas que vous chantez ce soir !

REGINA. — Qui êtes-vous pour me donner des ordres ?

PROFESSEUR. — Votre chef d'orchestre, *cara diva*.

REGINA. — Vous avez raison, *caro maestro*. J'ai toute l'éternité pour savourer ma vengeance. Attachez-le et gardez-le-moi dans ma loge. Je le couperai en petits morceaux et je le souperai après le spectacle.

CYRILLE. — Arrêtez de jouer du mauvais théâtre en ma présence !

PROFESSEUR. — C'est vous, maître, qui théâtralisez tout ce que vous touchez ! On se sent aspirés par votre théâtralité !

CYRILLE. — J'ai horreur de ça ! Débarrassez-moi de cette femme avant qu'elle commette un crime ! Et partez vous-même avec elle. Vous n'allez pas prendre un avion pour l'Afrique ? Eh bien, emmenez-la avec vous. Faites-lui chanter du Wagner pour les foules de sidatiques d'Afrique !

PROFESSEUR. — Je me sens moralement giflé,

maître. Si vous le prenez comme ça, nous partirons en Afrique pour de bon.

Regina. — En Afrique ? Quel sera mon cachet ?

Scène 30

Cyrille, Hubert, le Journaliste, Regina Morti, le Professeur, l'Infirmière

Infirmière *(entre en tenant un revolver)*. — Haut les mains ! Je le savais que tu voulais te tirer en Afrique avec la chanteuse d'opéra ! Salaud ! Je t'ai vu la violer sur la table d'opération !

Professeur. — Madame Bongo, vous faites une erreur de jugement. Cette dame est mon œuvre, ma créature. Je ne peux pas l'abandonner dans les mains de quiconque. Quant aux vraies raisons de mon départ en Afrique, elles sont d'ordre humanitaire.

Infirmière. — Alors tu me laisses tomber, ordure ?

Professeur. — Je pourrais reconsidérer ma position, mais seulement dans un cadre humanitaire. Je vous offre un poste d'aide-soignante en Afrique à condition de vous occuper exclusivement de notre *cara diva*. Vous serez en quelque sorte mon bras droit, mais nos rapports personnels resteront à la frontière, madame Bongo. C'est une condition formelle, je vous ferai signer un papier.

INFIRMIÈRE. — Et tu crois qu'une femme moderne comme moi, qui a même osé épouser un Noir, va devenir l'esclave d'une vieille toquée comme celle-là ? Et en Afrique ?

REGINA. — *Chi e questa ? Una cantatrice rivale ? Signorina, un po' di rispetto ! Cui la diva sono io !*

INFIRMIÈRE. — Tu as vu comme elle me traite ?

PROFESSEUR. — Elle vous traite en cantatrice. C'est déjà beaucoup pour une simple infirmière.

INFIRMIÈRE. — Une simple infirmière ? C'est ça ce que tu pensais de moi quand tu me faisais monter sur ton tricycle ? Que j'étais une simple infirmière ?

PROFESSEUR. — Madame Bongo, j'en ai marre de vos scènes de jalousie ! Vous êtes congédiée ! Laissez votre blouse au vestiaire et rentrez chez vous !

INFIRMIÈRE. — Et tu crois que ça va se passer comme ça ? Voilà ce que j'en fais, de ta chanteuse d'opéra !

(*Elle tire plusieurs coups de feu dont l'un atteint Regina. Le Journaliste la désarme.*)

PROFESSEUR. — *Cara diva !*

REGINA. — *Ancora una volta mi ritrovo dell'altra parte del sipario della morte !* Adieu, monde de mirages qu'on appelle la vie ! *Addio, notevoli signori, ci rivediammo presto !*

Professeur. — Vous avez détruit mon chef-d'œuvre !

Infirmière. — Et à présent, va lui greffer un cœur artificiel, à ta poupée mécanique ! Ramène-la en Afrique ! Tu peux la revendre au kilo !

Hubert. — Tenez, chère amie, buvez un Dubonnet, c'est la boisson des femmes meurtrières.

Journaliste. — Monsieur, vous vous sentez mal ? Monsieur ! Il est blessé !

Professeur. — Maître ! Une balle lui a éraflé le cou ! Vous m'entendez ?

Cyrille. — Cette égratignure est un signe du destin. Un kleenex, s'il vous plaît. Merci. Marie-Jo, que ce soit la dernière fois que vous fumez de l'opium. Hubert, je m'apprête à mourir à cinq heures du soir. Dans la boîte à chapeaux sous mon lit vous trouverez la perruque que je portais dans le rôle d'Hamlet. Et dans le placard, le costume. Vous ferez attention à bien entretenir mon col amidonné et mes souliers vernis.

Professeur. — Pas ce soir, cher maître ! Je ne veux pas perdre mes deux créatures le même jour !

Cyrille. — Le matériel humain se remplace, cher professeur. Songez à l'Afrique !

Professeur. — Mais je ne retrouverai jamais un comédien de votre taille. Cher maître, daignez me dédier une seule journée de votre vie ! Ne mourrez pas ce soir ! Attendez demain !

CYRILLE. — Une journée est éternelle et vous n'en méritez pas tant. Dès les dernières scènes, j'ai toujours attendu avec impatience la fin d'un spectacle. Je voulais me débarrasser au plus vite de mon personnage. Quand le rideau est tombé, avant de regagner votre loge, il y a un instant où vous n'êtes personne. C'est un plaisir inimaginable. Je vais essayer de me faufiler dans l'au-delà par l'un de ces trous noirs. Hubert ! Ma psyché et mon fond de teint blanc !

HUBERT. — Brillant ou mat ?

CYRILLE. — Mat, vous ne voudriez pas que dans votre mausolée j'aie l'air d'un clown !

HUBERT. — Et pour les paupières ?

CYRILLE. — Lilas, toujours lilas.

HUBERT. — Un coup d'eye-liner ?

CYRILLE. — Vous vous occuperez de ces détails plus tard. Et vous me faites les ongles tous les matins après mon bain. A propos, est-ce qu'il y a une baignoire, dans votre mausolée ?

HUBERT. — Il y a mieux, maître, des thermes romains !

CYRILLE. — Hubert, je n'aurais jamais assez loué votre goût.

HUBERT. — Vous me flattez. Mais vous n'avez pas encore vu le meilleur : la salle de télé ; elle est entourée de colonnes en lapis-lazuli et les fauteuils sont en peau de girafe.

CYRILLE. — Je n'aurai pas l'occasion de la regarder souvent.

Hubert. — C'est pour mes moments de détente, j'aime de plus en plus la télévision.

Cyrille. — Vous songez déjà à m'oublier.

Hubert. — Que voulez-vous, je vieillis.

Cyrille. — Tenez ce kleenex, j'y ai griffonné quelques phrases posthumes. Mon cher Hubert, vous êtes la seule personne au monde à qui je doive des excuses.

Hubert. — A moi ? Des excuses ?

Cyrille. — Une nuit de printemps dont l'année échappe à ma mémoire, j'ai déshonoré votre famille en la personne de votre sœur Adeline. Notre amitié a fleuri sur les ruines de ce scandale, mais je sais à quel prix vous avez payé cette amitié.

Hubert. — Des vétilles ! De toute façon vous m'aviez déshonoré bien avant d'avoir déshonoré ma famille. Quant à ma sœur Adeline, ne vous en formalisez pas, je l'avais déshonorée bien avant vous.

Cyrille. — Vous êtes diabolique, Hubert.

Hubert. — Je l'étais quand j'avais quinze ans. Mais le démon m'a quitté.

Infirmière. — Qu'on m'embarque tout de suite ! Je veux être jugée et condamnée à mort ! Et j'écrirai mes Mémoires ! Parce que moi, je sais ce que c'est que la mort ! J'ai vu claquer des centaines de gens devant mes yeux, et j'en ai poussé pas mal dans la tombe ! Je les débranchais et je les bourrais de morphine pour faire la même chose qu'elle, que la Mort ! Elle est ma sœur, la Mort !

(Le professeur gifle l'infirmière.)

PROFESSEUR. — Pour qui vous prenez-vous, madame Bongo ? Pour une héroïne de Jean Genet ? L'Assistance publique ne vous demande pas de raconter votre vie, mais de faire votre boulot. On sonne dans toutes les chambres ! Vite à votre poste ! Et je veux tout de suite la température de tout l'étage !

JOURNALISTE. — Tenez.

INFIRMIÈRE. — Qu'est-ce que c'est ?

JOURNALISTE. — Le revolver. Il est déchargé.

INFIRMIÈRE. — Merci. Il faut que je le rende à ma belle-sœur.

PROFESSEUR. — Et regardez ce que vous nous avez fait de notre *cara diva* ! Je vais me voir forcé de lui rouvrir le crâne pour récupérer le cerveau ! Et encore merci s'il n'a pas reçu une de vos balles !

INFIRMIÈRE. — Adieu, maître ! Je quitte l'Assistance, je rentre au foyer pour m'occuper de mon mari et faire beaucoup d'enfants. J'ai compris qu'ici je ne ferais jamais carrière. Mieux vaut laisser tomber. Je serai toujours une personne anonyme, mais je vous promets que mes enfants, je les ferai tous acteurs, comme vous, pour qu'ils deviennent célèbres.

CYRILLE. — Si vous cherchez la célébrité, faites-les plutôt médecins.

INFIRMIÈRE. — Ce n'est pas dans mes moyens. Adieu, monsieur Hubert. Je viendrai vous voir les dimanches dans votre mausolée avec ma petite famille.

Hubert. — Vous serez les bienvenus, chère Marie-Jo.

Infirmière. — Adieu, monsieur le journaliste. Faites-lui un bel article dans votre revue, il le mérite. Croyez-moi, c'était un homme exceptionnel, même s'il était très exigeant. J'ai mis un an à comprendre la différence entre toutes ses bouteilles d'eau de Cologne. Quant aux pantoufles, il en avait une de chaque couleur pour tous les jours de la semaine. Et si je me trompais de couleur, c'était le scandale assuré. Mais il avait un grand cœur, il m'a laissé tous ses bijoux et ses robes de chambre.

Cyrille. — Marie-Jo, rendez-moi un dernier service. Occupez-vous de mon narguilé. Vous imbibez ma boule d'opium du liquide de ce flacon avant de le rallumer.

Infirmière. — Qu'est-ce que c'est ?

Cyrille. — Un poison aztèque.

Infirmière. — Vous alors, vous ne pouvez rien faire comme tout le monde !

Journaliste. — Monsieur, est-ce que je dois rester ?

Cyrille. — Bien sûr, vous devez rester. Je compte sur vous impérativement. Vous êtes le seul néophyte dans cette comédie de la mort et notre dernier spectateur. Hubert, vous rendrez une visite de deuil à ma belle-sœur, vous savez qu'elle est très formelle, mais je ne veux surtout pas qu'elle soit placée au premier rang à mon enterrement. Improvisez-moi une lumière plus théâtrale, baissez les rideaux et voilez cette lampe sur la commode. Est-ce que le cœur de cette grande dame a cessé de battre, cher professeur ?

Professeur. — Son cœur ne bat plus, et le cerveau de mon invention est bon pour la ferraille. Mais je ne pourrais pas me prononcer, maître. Je dois vous avouer que je suis de plus en plus enclin à croire aux miracles.

Cyrille. — Hubert, vous devinez mes pensées.

Hubert. — Bien sûr, dans le mausolée il y a assez de place pour elle. Nous avons un caveau insonorisé qu'on peut aménager pour ses appartements.

Cyrille. — Je devais bien quelque chose aux femmes avant de mourir. Celle-ci est certainement la dernière que j'aurais choisie, mais c'est celle que le destin m'a désignée.

Hubert. — Une amende honorable n'est jamais de trop, et ça fait toujours un beau geste pour la fin. Je suis d'accord.

Cyrille. — Cher professeur, il me reste à vous remercier pour cette fiancée posthume. C'est le cadeau d'anniversaire le plus original que j'ai reçu.

Professeur. — Maître ! Vous me comblez !

Infirmière. — Vous êtes épatant, maître !

Professeur. — Mes deux chefs-d'œuvre exposés au Père-Lachaise. Vous deviendrez les Abélard et Héloïse du vingtième siècle ! Je présiderai une institution bénéfique qui portera votre nom ! Grâce à vous j'obtiendrai des dons pour bâtir mon dispensaire dans la jungle africaine. Vous serez mon bienfaiteur !

Cyrille. — Faites de mon nom ce que vous voudrez, de toute façon c'est un pseudonyme. Botticelli, vous me devez une promesse.

Journaliste. — Oui, monsieur.

Cyrille. — Changez de métier ! Vous êtes le journaliste le plus nul que j'ai jamais rencontré ! Vous ne m'avez pas posé une seule question !

Journaliste. — Je suis confus, monsieur.

Cyrille. — C'est votre dernière opportunité.

Journaliste. — Je n'ai pas de question à vous poser.

Cyrille. — Vous avez peur de la mort ?

Journaliste. — Oui, monsieur.

Hubert. — Vous êtes un vrai emmerdeur, Cyrille. Après le beau geste que vous veniez de faire ! Vous savez à quel point les dernières impressions d'un personnage sont déterminantes pour la beauté d'un spectacle.

Cyrille. — J'ai commis une erreur dans ma vie : j'aurais dû vous prendre comme metteur en scène.

Hubert. — J'ai toujours été votre metteur en scène.

Cyrille. — Est-ce que le maquillage tient ?

Hubert. — Impeccable, maître.

Cyrille. — Mais que diable avez-vous fait de ma photo dans « Hamlet » ?

HUBERT. — Vous n'avez jamais joué « Hamlet ».

CYRILLE. — Que dites-vous ?

HUBERT. — Vous rêvez, Cyrille. C'est ce soir que vous allez jouer « Hamlet » pour la première fois. Apprêtez-vous à entrer en scène.

CYRILLE. — Entrer en scène ? Mais je suis en train d'en sortir !

HUBERT. — C'est la vie de théâtre, quand c'est fini c'est pour recommencer. Votre perruque, Cyrille.

CYRILLE. — Je n'ai pas joué « Hamlet » depuis un siècle ! Je ne me souviens même plus du texte...

HUBERT. — Jouez n'importe quel personnage, ils se valent tous.

CYRILLE. — C'est vrai, tous les personnages se valent. Nous pouvons tout jouer sauf notre propre vie. Cela nous est interdit.

HUBERT. — Vous avez tout le temps pour jouer votre vie.

CYRILLE. — Je ne sais plus où j'en suis, soufflez-moi le texte.

HUBERT. — Dormez en paix, ange de ma jeunesse !

CYRILLE. — Mais ce n'est pas du Shakespeare !

(Il meurt.)

HUBERT. — Le rideau de scène est tombé.

PROFESSEUR. — Maître, quelle fin sublime !

INFIRMIÈRE. — Mon Dieu, quel comédien !

Quand on voit ça, on se dit qu'on n'est rien.

Hubert. — Jeune homme, vous vous sentez bien ?

Journaliste. — Oui, monsieur.

Professeur. — Bien, très bien. Très bien. D'une certaine façon, tout est rentré dans l'ordre.

Infirmière. — Rentrez chez vous, monsieur Hubert ; vous avez besoin de sommeil. Je m'occuperai de lui, je vous le rendrai bien beau demain matin.

Professeur. — Vous sortez ma moto du garage, madame Bongo. Je passerai la nuit à Deauville. Et vous annulez tous mes rendez-vous de demain !

Infirmière. — Bien, professeur.

Professeur. — Je vous quitte, cher ami. Et si vous avez un problème de santé quelconque, vous savez où me trouver. Courage !

Infirmière. — Allez, monsieur Hubert, on se revoit au Père-Lachaise.

Professeur. — Après vous, madame Bongo.

Infirmière. — Je vous en prie, professeur.

Professeur. — Après vous, après vous.

Infirmière. — Oh non, jamais, professeur !

Professeur. — Enfin, madame Bongo, après vous !

Infirmière. — Vous êtes galant, professeur...

(Ils sortent.)

Scène 31

*Cyrille et Regina Morti inanimés, Hubert,
le Journaliste*

JOURNALISTE. — Puis-je vous raccompagner, monsieur ? J'ai une voiture.

HUBERT. — Merci, j'ai un fiacre.

JOURNALISTE. — Bien ; dans ce cas je vous dis au revoir.

HUBERT. — N'oubliez pas votre narguilé.

JOURNALISTE. — Je ne voudrais pas vous priver de ce souvenir, monsieur.

HUBERT. — C'est une copie pour le théâtre ; l'original est chez moi.

JOURNALISTE. — Alors, merci monsieur. Avant de vous quitter, je dois vous avouer que je ne suis pas journaliste, monsieur.

HUBERT. — Je m'en doutais.

JOURNALISTE. — Je suis le fils de votre sœur Adeline.

HUBERT. — Je m'en doutais aussi. Pourquoi diantre est-ce que vous ne l'avez pas dit ?

JOURNALISTE. — A chaque fois que je croyais trouver l'occasion, quelque chose m'en empêchait. J'avais l'impression qu'il le savait déjà.

HUBERT. — Il le savait peut-être.

JOURNALISTE. — Je suis content d'avoir fait votre connaissance, monsieur, malgré les circonstances. Au revoir, monsieur. Sa rencontre m'a beaucoup touché.

Hubert. — C'est la deuxième fois que vous annoncez votre départ.

Journaliste. — Excusez-moi, monsieur.

(Il sort avec le narguilé.)

Scène 32

Cyrille et Regina Morti inanimés, Hubert

Hubert. — Cyrille, qu'est-ce que c'est que cette histoire de poison aztèque ?

Cyrille. — Des gouttes pour le nez, cher Watson. Votre neveu est l'être le plus inexpressif, médiocre, mou et lourd d'esprit que je connaisse. C'est le portrait de votre sœur Adeline.

Hubert. — Que voulez-vous, c'est un jeune homme de maintenant ! Vous l'auriez peut-être préféré homosexuel ?

Cyrille. — A vrai dire, oui.

Hubert. — Malheureusement ça ne se transmet pas de père en fils.

Cyrille. — Nous avons assez parlé du sexe des anges ; passons aux choses urgentes. Ce soir, je vais jouer pour vous mon premier rôle travesti. Où est le manteau de Regina Morti ?

Hubert. — Vous, maître ? Pourtant vous aviez juré que jamais...

Cyrille. — Aujourd'hui je renie tout ce que

j'ai juré et même le contraire. Comment me trouvez-vous, Hubert ?

Hubert. — Effrayant, maître.

Cyrille. — Vous serez toujours mon meilleur public. Et n'oubliez pas que pour le monde, dorénavant, je suis Madame Dubonnet.

Hubert. — Maître, quel honneur ! Je n'aurais jamais osé rêver d'un tel dénouement !

Cyrille. — Tout arrive dans la vie, Hubert. Mais je serai une Madame Dubonnet insupportable, attendez-vous à subir une tyrannie féminine sans merci.

Hubert. — J'ai l'habitude, maître.

Cyrille. — Appelle-moi maîtresse. Est-ce que vous avez du linge de maison au moins, dans votre mausolée ?

Hubert. — Nous avons tout, maîtresse.

Cyrille. — Alors, en route.

Hubert. — Nous allons trouver la cerisaie encore en fleur.

Cyrille. — Une vraie cerisaie ?

Hubert. — Enfin, une petite cerisaie.

Cyrille. — Ce soir nous allons dîner au clair de lune, je vous réciterai les vers de Lorca. Aidez-moi, Hubert, il faut que j'arrive jusqu'à votre fiacre.

Regina. — *O miserabile fortuna !* Le jour même de mon mariage, mon mari flambant neuf s'empare de mon manteau, me laissant pour morte ! *Al ladro ! Al ladro !*

Cyrille. — Fuyons, Hubert ! Oh ! merde...

Hubert. — Cyrille ! Votre cœur ?

Regina. — *Questa umiliazione postuma non posso tolerarla !* Mon honneur ne permet pas que je tombe aussi bas ! *La Regina dei Morti si uccide !* Où est le couteau du rosbif ? *Addio, umiliante realtà !* (*Elle se poignarde.*) *Addio, caro publico !* Je vous attends dans l'au-delà *per il grande finale !*

(*Elle meurt.*)

Cyrille. — Hubert, quelle heure est-il ?

Hubert. — *Las cinco en punto de la tarde, señor.*

Cyrille. — C'est l'heure.

(*Il meurt.*)

Hubert. — Gardez le manteau, cette nuit vous aurez froid.

(*Il sort.*)

Scène 33

Cyrille et Regina Morti morts, l'Infirmière

Infirmière (*entre avec une couronne de fleurs*). — Encore un cadeau de votre belle-sœur ! Zut ! J'avais oublié que vous étiez mort !

(*Rideau.*)

Trois pattes de mouche entrecroisées : une chaise. Un gros ovale avec un bout en moins : un dirigeable. Un petit point noir, vraiment tout petit : un œil. Quatre bouts de fil verticaux qui tombent bien parallèles : des cheveux... Un œil, des cheveux ? Alors, le gros machin ovale est un nez, pas un dirigeable. Un œil, quatre cheveux, un nez, une chaise : la femme assise.

Je l'ai toujours connue comme ça. Assise, oui. Toujours. A droite du dessin, toujours. Elle, donc, regarde vers la gauche. Et de par là, de la gauche, il finit toujours par lui arriver quelqu'un. Un poulet, un canard, un petit vieux, un kangourou, un rat, un travelo, un hippopotame, une petite fille, une fourmi, un évêque... Quelqu'un.

L'un des deux dit quelque chose, généralement le visiteur. La conversation s'engage. Une conversation pleine de trous. Parce que, quand l'interlocuteur a envoyé sa réplique, s'ensuivent deux ou trois dessins où ça ne cause pas, où l'on voit les paroles qui viennent d'être dites pénétrer dans le crâne de celui dont c'était le tour d'écouter et faire leur chemin à l'intérieur de ce crâne. Le sourcil se fronce — oh, à peine... —, on voit bien que ça pense, là-dedans. Copi a des silences éloquents, dirai-je. Et quand enfin la réplique part, tu ne sais jamais d'avance où elle va t'envoyer... Déconcertant, voilà. Copi est déconcertant.

Déconcertant, mais pas que. Copi, en outre, est : cynique, cruel, faux naïf, arrogant, désespéré, aristocrate... Et homosexuel. N'oublions pas. Homosexuel sans gêne comme sans complexes. Lui dirait plutôt « enculé ». Copi seul peut le dire avec cette grâce tranquille, cette distinction suprême. A part Copi, tous les enculés ne sont que des pédés.

Je voudrais vous parler de Copi homme de théâtre, de Copi romancier... D'autres le feront mieux que moi. Je m'en tiendrai à la femme assise, tout Copi est là, dans ces traits ténus, si peu salissants pour le papier.

La femme assise est-elle Copi ? Copi est-il la femme assise ? La femme assise est-elle Copi tel qu'il se serait voulu ? La femme assise est-elle la Femme ? La femme assise est-elle la Mère ? La chaise symbolise-t-elle la Fatalité du Destin ? Pourquoi un poulet ? Pourquoi un canard ? L'homosexualité de Copi éclate-t-elle même dans les dessins où il n'est pas question d'homosexualité ? Quel message Copi a-t-il désespérément voulu lancer au monde derrière un symbolique dont il a volontairement jeté la clef ? Copi, comme Boris Vian, fera-t-il un malheur au hit-parade quand il sera trop tard ?

Que de questions passionnantes ! Vous avez vingt minutes pour y répondre, ensuite je ramasse les copies. Vous ne vous figuriez quand même pas que j'allais faire tout le travail ?

CAVANNA.

Copi n'est plus. Tous l'aimaient. Ce n'est même pas de chagrin qu'il s'agit. Et pourquoi dire quelque chose quand c'est le silence qui vous prend ? La dame reste assise, à droite, et c'est fini les visites.

Il n'y avait pas un être plus rare.

C'est fou comme des fois les mots manquent, en français. Qualité, noblesse, distinction, pureté, aucun ne va. Ne va pas du tout, et cependant, Copi, il est dans ces eaux-là. Simplicité, délicatesse, fraîcheur, prévenance, c'est lui aussi, mais pas du tout les mots. Discrétion. Amitié.

Copi n'est plus : un trou dans le ciel, aujourd'hui gris presque blanc.

Blanc comme l'entre-les-lignes du texte, comme les marges du texte, mais le mot « marginal » est plus impropre encore puisque Copi, sans reprendre souffle, mettait dans le mille : immigrés, écolos, homos, zizi, herbe, exil, taule, travelos, mouise, chiens, douleur dite morale à se foutre une balle dans le crâne. Savoir-vivre, humeur claire. Les rires qui font respirer. Vraiment personne comme Copi n'a récuré, jusqu'aux coudes, page par page, dessin par dessin, la merde des jours, personne n'est resté plus intact.

Tout nu, sur la scène, maigre comme un clou, peint en vert, sortant en coup de vent du frigo pour plonger dans la cuvette, l'ange gardien est apparu, discret comme pas deux mais en gloire, on en a les yeux éblouis. Et l'année dernière encore, tiré à quatre épingles en complet sombre ajusté, on se tient droit jeune homme, il raconte une histoire de nègres qui font les cent coups dans une vespasienne sur les pentes du Sacré-Cœur, c'est l'ange du Mal. « *Lucifer est le souffleur. Il a possession de la brochure* », c'est Claudel qui cause, pardonnez le télescopage.

Le dernier souvenir de Copi, c'est l'hiver 86, dans sa chambre. Carrément au-dessous de zéro. En bas, tous les trottoirs sont verglacés, rue des Abbesses, rue Lepic. La chambre de Copi n'est pas chauffée, mais il garde la fenêtre grande ouverte. Sur une chaise de bois, devant une table de bois, il prend des pincées dans une boîte en fer, se roule un joint. La maigreur de ses poignets, son visage de silex, ses yeux de feu noir, son sourire. Douceur infinie. Il parle de son père. Voyages avec lui quand il était enfant, transatlantiques, premiers temps du *Nouvel Obs*, Lavelli. Bagarres entre homos dans les escaliers de l'immeuble. Sida. Il range la petite boîte en fer dans le tiroir de la table. Un verre de vin. Il n'a pas froid ? Non, le froid il ne connaît pas. Jamais.

Se taire puisqu'il n'est plus. Le vide à gauche sur la page. A droite, assise, la dame. Elle écoute ce vide, les yeux serrés.

Michel Cournot,
Le Nouvel Observateur,
18-24 décembre 1987.

COPI SOIT-IL

Molière, si mes souvenirs de classe sont exacts, mourut en scène en jouant *le Malade imaginaire*. Copi, au contraire, est tellement vivant qu'il n'hésite pas à nous faire éclater de rire avec la plus terrible des situations, celle d'un homme, d'un malade qui voit venir la mort. Rire de tout, même de la mort annoncée, de la peste moderne, du sida, puisqu'il faut l'appeler par son nom, ce n'est pas mépriser les malades mais être victorieux contre la souffrance et la peur, la haine et l'égoïsme.

Le théâtre de Copi, comme ses dessins, si on les regarde de près, a toujours été terrible. Les assassinats à répétition, comme dans *les Quatre jumelles*, l'infanticide dans *la Tour de la Défense*, le monstre défiguré devenu meurtrière dans *la Nuit de madame Lucienne*, sont autant de cauchemars sur scène. Mais des cauchemars où l'angoisse, tout d'un coup, est détruite par l'éclat du rire, par la joie du gag. Comme dans les trains-fantômes qu'il aime tant, de Barcelone et d'ailleurs, la peur succède au fou rire, et la panique au gloussement. Le frisson s'y confond avec le spasme d'hilarité.

C'est connu depuis Shakespeare, rien ne fait mieux ressortir un bon mot qu'une tache de sang.

Ecoutez Copi parler théâtre ; il affecte de tenir la technique, le calcul des entrées et des sorties de scène, le typage des personnages, la rapidité du dialogue, pour l'essentiel. Et il les réussit parfaitement, mécaniques merveilleuses, précises et efficaces (est-ce pour rien qu'il admire le Boulevard ?).

Mais ce qui souffle dans ses pièces, ce grand ricanement dément qui soulève les acteurs, l'intrigue, et communique sa folie au décor lui-même, c'est l'Esprit. Il y a, expliquait Gilles Deleuze, des ironistes et des humoristes. Les ironistes sont froids, méchants, voltairiens. Ils se moquent par misanthropie, pour redresser les mœurs. Les humoristes sont anglo-saxons, juifs ou argentins. On les dit absurdes, les premiers excluent, les seconds, par le clin d'œil, font participer. Copi est évidemment un humoriste.

L'humour selon Copi, c'est de l'esprit, mais pas au sens méchant du salonard, l'esprit comme hasard, et comme faux pas volontaire. L'esprit, non de l'homme spirituel, mais de la cruauté comique.

C'est dans cet esprit-là que Copi a écrit sa nouvelle pièce. Un homme dans un lit reçoit les visites d'anciennes amantes, de journalistes, de vieux amis, il intrigue avec le médecin, il houspille l'infirmière. Fausse mort, suivie d'une vraie, tirades et confidences, persécution par les amis, notre Molière moderne n'a oublié aucun ingrédient. Au fond, nous apprend le grand rire de Copi, toute maladie, tout tabou, est toujours imaginaire.

Guy HOCQUENGHEM.

Avec Copi disparaît un grand dramaturge de notre temps. Son théâtre, inscrit dans une expression à la fois irrévérente et poétique, n'a pas cessé de croître et d'évoluer. Sa toute première et courte pièce fut *Sainte Geneviève dans sa baignoire* (1966), que j'avais mise en scène à l'ex-Bilboquet et où on voyait déjà Copi, dans une baignoire, un micro à la main et coiffé d'un haut-de-forme, échanger des répliques irrésistibles avec sa partenaire (Martine Barrat), tous les deux dans une élégante nudité.

Son théâtre développait une forme poétique d'où l'humour n'était jamais absent : c'était le cas de *la Journée d'une rêveuse* (Théâtre de Lutèce, 1968), un exemple de simplicité onirique, de drôlerie qui naissait d'un certain quotidien transposé, lui-même porteur d'illusions, d'aspirations au bonheur.

Après, son théâtre s'est fait à la fois plus dur et plus singulier : le style s'épure dans la recherche d'une profondeur essentielle. Pas un mot de trop pour raconter l'aventure hallucinante de ses *Quatre jumelles* (Le Palace, 1972). L'économie des moyens s'affine en même temps que ses thèmes se dessinent avec de plus en plus d'acuité. Celui de l'identité se placera au centre de sa dramaturgie, celui de la mort va parcourir toutes les gammes de la violence, de la poésie, de l'inattendu, de l'entêtement, et parvenir à un état qu'on pourrait aussi traverser pour atteindre à une forme de résurrection.

Ces thèmes graves sont toujours traités par Copi avec une distance dérisoire et une insolence jamais vues sur une scène de théâtre. *L'Homosexuel ou la difficulté de s'exprimer* (La Resserre, Cité universitaire), que j'ai créé en 1974, fait partie de ces ouvrages inclassables. La théâtralité de Copi est extrême, pure, toujours magnifiée par une invention dramaturgique à la fois complexe et mathématique. *La Nuit de Madame Lucienne*, que j'ai créée à Avignon en 1985, *les Escaliers du Sacré-Cœur* ou *Une visite inopportune*, qui ouvrira la petite salle du Théâtre national de la Colline en février prochain, font partie de ses dernières pièces où l'humour est sanglant et où la mort est déjà traitée comme une figure de théâtre. La dérision du réel atteint son paroxysme.

Copi est pour moi un des chefs de file d'un théâtre nouveau. Aujourd'hui que le rideau est tombé sur une vie vécue à toute allure, vécue dans une marginalité à la fois flamboyante et rêveuse, je sais que son œuvre nous survivra : elle est passionnante, elle est unique.

Jorge LAVELLI.
Décembre 1988.

PREMIERE RENCONTRE AVEC COPI

C'est en 1962 — à un an près, car ma mémoire n'a pas du tout le sens des chiffres — que je reçus au bureau la visite du très jeune Copi. Il venait de débarquer à Paris du fond de son Argentine natale et il m'affirma qu'il était venu me voir pour me montrer son travail de dessinateur, qu'il avait besoin de mon jugement, de mes conseils et qu'il n'avait tenté aucune autre démarche à Paris avant celle-là.

Pourquoi moi ? Certainement pas pour demander une interview à l'écrivain marginal, à peine connu des fanatiques de la science-fiction. Mais j'avais parallèlement un public souterrain, beaucoup plus vaste sans doute, que j'avais gagné par la presse. De 1956 à 1958, en effet, je signai dans le magazine *Arts* si célèbre à l'époque, une série d'articles consacrés au dessin d'humour sous le titre : « De la caricature considérée comme un des Beaux Arts ». Je dénonçais le peu d'intérêt que l'on accordait à ce genre graphique, le plus révolutionnaire à mes yeux, le plus révélateur de l'absurde d'une époque et je consacrai des pleines pages à explorer les explosifs sortilèges des Chas Addams, Steinber, Virgil Partch, Ronald Searle, Peter Arno, Chaval, Mose, André François, Siné, Maurice Henry. Découverte et réhabilitation qui durent quand même frapper certains esprits puisque, bien plus tard, j'appris que ces articles avaient fait exploser la vocation d'au moins trois grands dessinateurs : Gébé, Gourmelin et Topor.

Copi, lui, ne me devait certainement rien sur ce plan car ce qu'il dessinait n'avait aucun rapport avec le dessin d'humour sans légende qui me fascinait si bien depuis 1946, ni davantage avec la bande dessinée classique qui avait cessé de m'intéresser depuis que je m'étais éloigné de mes quinze ans. La guerre avait fait de moi un adulte, pas un adolescent attardé. Je crois bien me souvenir que Copi devait me considérer, non comme un écrivain, mais comme une sorte de prêtre de l'humour graphique, un missionnaire toujours disposé à se mettre en quatre pour encourager et guider un jeune humoriste.

C'était vrai, mais comme ma carrière a toujours été en dents de scie, je n'étais plus à l'époque qu'un très modeste rewriter de la Bibliothèque Mondiale de Pauwels qui n'avait pas encore lancé sur le marché la revue *Planète*, celle-là même me propulserait un jour au poste de directeur littéraire des anthologies *Planète*, où j'allais pouvoir publier tous mes dessinateurs de prédilection.

C'est donc à un sans-grade que Copi montra ses bandes dessinées et je dois avouer que moi qui avais vu tous les dessins, depuis Robida jusqu'au débutant prometteur Reiser, je ressentis devant les Copi ce déclic de « déconcerté » devant du jamais vu, ce qui ne m'arrivait pratiquement jamais. Même les premiers dessins si peu attendus, parfois si naïfs et si macabres, du jeune Topor ne m'avaient pas donné cette sensation de terrain inconnu, jamais imaginé, pas rêvé non plus, incongru et désarmant.

En revanche, je sentais une singulière connivence entre la forme qu'avait choisie Copi pour s'exprimer et mes tentatives personnelles. En effet, il mettait en scène un poulet — ou une petite fille — et une grosse dame assise qui dialoguaient avec un minimum de mots sur une distance toujours réduite à une page. Et moi, depuis bien des années, j'avais écrit des centaines de contes ultra-brefs, parfois réduits à quelques lignes et jamais plus d'une page. C'est dire que, même si je ne pouvais rien faire personnellement pour Copi à cette époque, il avait eu le flair de montrer ses dessins à un fanatique non seulement de l'humour, mais un des seuls artisans du texte bref en France. Qui n'intéressait personne, évidemment.

Inutile d'avouer qu'avec ma tête farcie de tous les dessins du monde depuis un siècle, il ne me vint à l'esprit de m'évanouir devant le graphisme de Copi ni de le considérer comme un novateur du dessin d'humour, d'autant que sa grosse dame rappelait assez les personnages de l'américain Blechman. Mais, moi qui détestais les interminables dialogues de théâtre, je fus fasciné par les piécettes de Copi enlevées en quelques répliques, avec un art du suspense et de la chute absurde ou saugrenue qui tombait comme un couteau. Cette concision, son sens du piétinement, son art de tenir en haleine avec quelques mots seulement, son refus de toute action et même de tout mouvement, son langage parfois maladroit qui ajoutait à l'insolite des répliques, son humour à la fois naïf et malin, lucide et satirique, farfelu et teinté d'une poésie somnambulique, tout cela était absolument nouveau, jamais couché sur papier.

A tel point que je ne voyais pas vers qui ou quel journal diriger Copi manifestement en quête d'un guide éclairé. Comme son humour était aussi éloigné de l'esprit français que du traditionnel humour noir qui entrait sournoisement dans les mœurs, la situation me laissait fort perplexe. De plus, avec son art d'osciller entre la bande dessinée, le dialogue statique — donc théâtral — le dessin d'humour et le conte idiot (génialement idiot, il s'entend) je ne voyais à quel genre il pouvait bien se rattacher, donc je ne voyais pas davantage quel rédacteur en chef l'aurait accueilli dans son équipe en reconnaissant l'un des siens. D'autant plus que la fameuse « Bédé pour adultes » ne s'était pas encore pointée à l'horizon. Ou plus exactement, elle balbutiait, dans l'ombre, à peine reconnue par un clan d'initiés.

Si ma mémoire est bonne — et elle ne l'est pas beaucoup plus pour la psychologie des faits que pour les chiffres —, Copi avait besoin de gagner sa vie. Et je connaissais bien les difficultés que rencontraient les dessinateurs inconnus au hasard des salles de rédaction. En France, dans la presse, on s'est toujours méfié des nouveaux venus — surtout quand ils produisent du « différent » — et quand déjà on accepte de regarder leur production, c'est avec la plus grande suspicion et pas mal d'indifférence.

Inutile de conseiller un mensuel à Copi, on ne vit pas avec l'aumône qu'ils ne peuvent accorder qu'une fois par mois. Encore plus inutile de le propulser vers un quotidien, aucun à l'époque n'aurait accepté cet humour trop simplet pour ne pas être le comble de la sophistication. N'ayant jamais été un lecteur de magazines — surtout quand ils sont hebdomadaires — c'est presque au hasard que je suggérai à Copi d'aller à *l'Observateur* où ses dessins seraient peut-être remarqués. Sans tellement y croire, j'avais eu du flair, plus que je n'en avais généralement pour moi-même : je vis plus tard et fort régulièrement la page réservée à Copi dans *l'Observateur* où il se fit évidemment connaître et surtout reconnaître par ceux qui préféraient les sortilèges de l'insolite aux monotonies du réalisme quotidien.

Parmi ces passionnés du surréel, il trouva Christian Bourgois qui publia régulièrement toutes les pièces de son théâtre, car peu à peu Copi devait abandonner le dessin parlant pour le dialogue de théâtre sans dessin et faire la carrière que l'on sait. Mais Christian Bourgois s'imposa comme l'unique éditeur de Copi puisqu'il fit publier les premiers dessins dans la collection *Humour secret* qui ne sélectionnait que des textes littéraires.

Je ne revis Copi que, de temps à autre, au hasard des carrefours de la vie littéraire parisienne. Je le publiai de temps à autre également dans mes anthologies *Planète*, dans *Plexus* aussi, la cousine ratée de *Planète* que j'aurais voulue si sophistiquée, véritable bastion de l'étrange, de l'humour, mais mon projet avait basculé dans une vaste cuve de compromis bien français.

D'une façon ou d'une autre, j'ai souvent pensé à ma rencontre avec le jeune Copi qui, d'ailleurs, ne changeait pas beaucoup au gré des ans. M'est-il arrivé, une autre fois, d'amorcer la carrière d'un dessinateur ou d'un écrivain en lui donnant négligemment une adresse où aller tenter sa chance ? Je crois bien que non. Le fait est resté unique à mes yeux.

Jacques STERNBERG.

Achevé d'imprimer
sur les Presses Bretoliennes
27160 Breteuil-sur-Iton

N° d'édition : 812
N° d'impression : 613
Dépôt légal : mars 1988